以老板的心态工作

想当老板的员工才是好员工

张宜宁 ◎ 编著

不是不想当老板的员工才是好员工，恰恰相反，只有想当老板的员工才是好员工。本书将理论与实例结合，用通俗幽默的语言讲述如何做个合格、有远见的好员工。

吉林出版集团股份有限公司

图书在版编目（CIP）数据

以老板的心态工作 / 张宜宁编著. —长春：吉林
出版集团股份有限公司, 2018.6
ISBN 978-7-5581-5061-6

Ⅰ.①以… Ⅱ.①张… Ⅲ.①企业－职工－修养－通
俗读物 Ⅳ.①F272.921-49

中国版本图书馆CIP数据核字(2018)第100457号

以老板的心态工作

编　著	张宜宁	
总 策 划	马泳水	
责任编辑	王　平　史俊南	
封面设计	中易汇海	
开　本	880mm×1230mm　1/32	
印　张	8	
版　次	2019年3月第1版	
印　次	2019年3月第1次印刷	

出　版	吉林出版集团股份有限公司	
电　话	（总编办）010-63109269	
	（发行部）010-67482953	
印　刷	三河市元兴印务有限公司	

ISBN 978-7-5581-5061-6　　　　　　定　价：38.00元

FOREWORD 前言

一个英国人和一个犹太人一同去找工作。

两个人同时走进了一家公司。公司很小，工作很累，工资也低，英国青年不屑一顾地走了，而犹太青年却高兴地留了下来。

两年后，两人在街上相遇，犹太青年已成了老板，而英国青年却还在寻找工作。

或许，员工对此不可理解，一个这么普通的人怎么能这么快就发了财呢？

我来告诉员工：因为犹太青年没有像英国青年那样不屑一顾地从小公司走过去。

其实，英国青年并非不要工作，可他眼睛盯着的是大公司舒适的工作，所以他的工作总在明天。这就是问题的答案。

员工一定要明白，任何一种成功都是从一点一滴积累起来的，没有这种心态就不可能得到更大的成功。

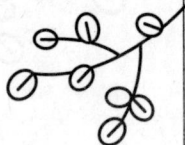

对工作的态度反映了员工对待人生和事业的态度，只有任何时候都不好高骛远的人，才能脚踏实地地为自己的前程打下坚实的基础。反之，不但不能得到大的财富，小的财富也会与你失之交臂。

这一则故事对员工极其重要，懂得成功是从小处积累起来的道理，可以让员工更加珍惜现在的生活，并牢牢地抓住每一个细小的机会，之后，成功就会在不知不觉中到来。

这本书告诉员工，犹太青年怎样从小公司的员工成为老板的，在这两年内，他都干了些什么使他成为老板；这本书告诉员工，不是不想当老板的员工才是好员工，恰恰相反，只有想当老板的员工才是好员工，但是没有当过好员工的老板成不了真正的老板。愿每个人都能成为老板，但愿每个人都首先成为好员工。以老板心态工作的员工就是真正的、规范的、优秀的员工。

CONTENT 目录

第一章　没有梦想就没有成就

第二章　提高自主经营的能力

第三章　用积极的态度去工作

第四章　把敬业当做是一种使命

第五章　成功是团队智慧的结晶

第六章　改变头脑才会改变命运

第七章　执行：没有任何借口

第八章　推销：你不只属于自己

第一章 | 没有
梦想就没有成就

　　想当老板的员工就是不会墨守成规而经常出新的员工。每一个企业都欢迎这样的员工，因为创造力和创新能力是企业发展的永恒动力。

　　最伟大的成就，在最初一段时间内都是一种理想。橡树沉睡在橡树籽中；小鸟在鸟蛋中耐心地等待；在心灵的至高构想中，醒来的天使起身相迎。

　　有了愿望，就有所获得；有了追求，就有所成就。

通过努力来实现内心的构想

梦想家是这个世界的救世主。既然有形的世界是由无形的世界所支撑，因此内心的梦想在人生中起着很大的作用；人类不能忘却他们的梦想家；人类不能让他们的理想破灭；人类生活在他们的理想之中；人类把他们视为有朝一日能看到及了解的现实。

作曲家、雕塑家、画家、诗人、预言家、哲学家，他们都是未来世界的创造者、天堂的建筑师。这个世界之所以绚丽多姿，是因为他们生活在这个世界，离开了他们，人类就没有锦绣前程可言。

胸怀崇高理想，又具远见卓识的人，总有一天能实现自己的理想。哥伦布在内心构思出另外一个世界，随后他发现了这个世界；哥白尼构思出了太阳中心，随后他向人们阐述了这个学说；佛祖构思出一个一尘不染、宁静平和的精神世界，之后他进入了这个世界。

开始形成你想成为老板的构思，怀着你想成为老板的理想。勿忘拨动你的心弦，呵护你思想中形成的美丽，珍藏培育你至纯思想的关爱。它们能为你创造有利的形势、天堂般的环境。如果你一直真诚地对待它们，你的世界最终将被建设得无限美好。

有了愿望，就有所获得；有了追求，就有所成就。人们最基本的愿望尚能得到满足，而他们至纯的追求难道得不到回报？不会的，这种情形永远不会发生。

梦想实现高尚的梦想，而且正如你所梦想，你会成为那样的人。你的构思就是对有朝一日你所处境况的许诺；员工的理想，就是对你最终归宿的预言。

你的处境可能并不惬意。然而如果你能够树立理想，并且努力去实现它，这样的处境过不了多久就能够得到改变。你要牢记，内心没有树立理想，你就不可能取得长足进步。

这里我们举一位境况贫寒的年轻人的例子。这位年轻人没有什么积蓄，为了生存，不得不在一个条件很差的车间长时间地工作。他没有受过正规的学校教育，没有掌握那些高雅的艺术。然而，他却梦想自己有一个灿烂的明天。他想到知识，想到高雅谈吐，想到美丽大方的举止。他在内心深处勾画出理想的生活境况。这种美好的构想支配着他，督促他采取行动。于是，他利用所有的业余时间，去发掘他潜在的能量与资源。

他的思想很快就发生了巨大转变，小小的车间再也不能束缚他了。以前那些不思进取的思想，像穿旧的衣服一样被他弃之一旁。随着机会的不断增多，他潜在的能力便有了用武之地。

几年过去了，当人们再次见到这位年轻人时，他已成为了一位成熟而且成功的人士。人们感觉他成了某种思维力量的主宰，他能够很好地利用这种力量来实现自己的理想。他已开始肩负起重大责任。他自豪地说，生活改变了。周围的人乐意倾听他的话语，牢记他的思想，并用之重新塑造他们的品格。众人开始托起他这轮太阳，无数人的命运围绕着他运转。他实现了自己年轻时的理想。在人们眼中，他是一位有远大抱负的人。

而你也可以通过努力来实现内心的构想（不是懒惰的愿望），不管这些构想是纯洁的，或是美好的，或者二者皆有，你时常都

把所有的心思用在它们上面。你双手收获的，是你自己思想的结果。你将得到你努力去争取到的，既不多也不少。无论你目前所处的境况如何，都会在你的思想、构思、理想的指导下或浮或沉、或维持原状。你将变得像被你的欲望所左右那样卑微，或像催促你前进的志向那样伟大。

工作就是要付出努力

高尔基说：一个人努力的目标越高，他的才能就发展得越快，对于社会发展就越有效果。一个员工只有想当老板，才能成为优秀的员工。

有了想当老板的愿望，工作就不会仅仅是员工为了谋生才做的事，而是员工要用生命去完成的事。工作就是付出努力。没有卑微的工作，只有卑微的工作态度，而工作态度完全取决于员工自己。

工作就是需要付出努力。正是为了有成就或收获，员工才要专注，并在那个方面付出精力。从这个本质而言，工作不是员工为了谋生才做的事，而是员工要用生命去做的事。

工作是上天赋予的使命。把自己喜欢的并且乐在其中的事情当成使命来做，就能发掘出自己特有的能力。其中最重要的是能保持一种积极的心态，即使是辛苦枯燥的工作，也能从中感受到快乐，在员工完成使命的同时，会发现成功之芽正在萌发。

如果年轻的厨师想早日使自己的手艺精湛，仅仅想着"我要做美味的料理"就以为能实现心愿，那简直是天方夜谭！如果持有不只是要做美味的料理，而是要保持做美味的料理店老板的念头，料理的手艺就能进步了。为什么呢？因为如果这样想的话，做菜这件事就会变成一件愉快的事情了。

即使是拥有相同条件的老板，一个保持着个人利益最大化思想的人与一个工作是老板的阶梯，完成使命关系着财途的人，两者所得到的结果将是完全不同的。如果能想着工作是最完美的使命或完成这个工作是自己的使命的话，就不会产生工作是公司委派的任务或因为老板的命令才行动这样的消极情绪。

做事的第一步是学会如何去做。事情可以做好，也可以做坏。可以高高兴兴和骄傲地做，也可以愁眉苦脸和厌恶地做。如何去做，这完全在于你，这是一个选择的问题。以下这句话也许是古代罗马斯多葛派哲学家们提供给人类的最伟大的见解：没有卑微的工作，只有卑微的工作态度，而你的工作态度完全取决于你自己。

员工的工作，是老板亲手制成的雕像。是美丽还是丑恶，可爱还是可憎，都是由老板一手造成的。而员工的一举一动，无论是写一封信，出售一件货物，或是打一个电话，都在说明雕像或美或丑，或可爱或可憎。

员工所做的工作，就是他人生的部分表现。而一生的职业，就是他志向的表示、理想的所在。所以，了解员工的工作，在某种程度上就是了解其本人。

如果员工轻视他的工作，而且做得很粗陋，那么他绝不会尊敬自己。如果员工说他的工作辛苦、烦闷，那么他的工作绝不会

做好，这工作也无法发挥他内在的特长。在社会上，有许多人不尊重自己的工作，不把自己的工作看成创造事业的要素和发展人格的工具，而视为衣食住行的供给者，说工作是生活的代价、是不可避免的劳碌，这是多么错误的观念啊！常常抱怨工作的人，终其一生，绝不会有真正的成功。抱怨和推诿，其实是懦弱的自白。

工作就是付出努力以达到目的。最令人满意的工作就是使员工的工作能表现自己的才能和性格，使自己今后也能成为老板。员工对工作所持的态度，和他本人的性情、做事的才能有着密切的关系。要看员工能否达成自己成功的心愿，只要看他工作时的精神和态度就可以了。如果某人做事的时候，感到受了束缚，感到所做的工作劳碌辛苦，没有任何趣味可言，那么他绝不会做出伟大的事业。

不论做何事，务须竭尽全力，这种精神的有无可以决定员工日后事业上的成功与失败。员工工作时，如果能以生生不息的精神、火焰般的热忱，充分发挥自己的特长，那么不论所做的工作怎样，都不会觉得劳苦。如果员工能以充分的热忱去做最平凡的工作，也能成为最精巧的工人；如果以冷淡的态度去做最高尚的工作，也不过是个平庸的工匠。倘若能处处以主动、努力的精神来工作，那么即使在最平庸的职业中，也能增加他的威望和财富。

不管员工的工作看起来是怎样的卑微，员工都应当付之以当老板的精神，应当有十二分的热忱。在任何情形之下，都不允许对自己的工作表示厌恶。厌恶自己的工作，最终也会遭到工作的厌恶。如果员工为环境所迫而做一些乏味的工作，员工也应当设法从这些乏味的工作中找出乐趣来。要懂得，凡是应当做而又必须做的事情，总能找出其中的乐趣，这是员工对于工作应抱的态度。有了这种态度，无论做什么工作，都能有很好的成效。

有目标才有动力

员工应当在内心深处抱着当老板的目标，而且努力去实现它。他应该让这个目标成为他思想的中心点。

强者会把失败看作是通向成功的必经之路，才可以很好地适应不同的环境，坚定的信念，无所畏惧地尝试，稳稳地获得成功。

思想倘若不与目标相联系，那么就没有智慧的成就可言。思想的航船，在人生的大海上航行，最容易出现的欠缺，就是失去前进的目标。驾船者倘若毫无目标地让船随意漂流，那么他迟早要碰上毁灭性的灾难。

那些在人生的旅程上毫无目标的人，很容易成为担忧、恐惧、麻烦、可怜的猎物，而这些正是懦弱的表现，这肯定会像蓄意作恶那样导致失败、不幸福及空虚失落（尽管导致这种结局的方式有所不同），这是因为懦弱无法在能量进化的宇宙中找到适合自己生存的土壤。

员工应当在内心深处抱着当老板的目标，而且努力去实现它。他应该让这个目标成为他思想的支点。根据在当时具体境况中人的品质，它可能以一种精神理想的形式呈现，也可能是一个世界性的目标。然而，不管目标是什么，他都应该持之以恒地把他的思想力量集中在自己确定的目标上。

他应该让这一目标成为他至高无上的职责，而且他应该全力以赴地达到这一目标，不让他的思想漫游于异想天开的梦境中。这是通向自我克制及真正思想集中的康庄大道。

即使他在实现这一目标的征途中一次又一次地失败（因为在他的所有弱点被完全克服之前，他必须经历失败），但他从失败中所获得的力量，可以推动他获得真正成功，而且这将在他人生中成为未来力量与胜利的出发点。

那些没有领悟伟大目标的深远意义的人们，应该把他们的思想集中在尽最大努力地履行自己的职责上面，哪怕他们的职责看起来多么的不起眼。只有这样，思想才能被汇集并集中起来，决心才能下定，能量才能得到积聚。倘若你下定了决心，又有了充裕的能量，任何远大的目标你都可以被实现。

员工的能力随着当老板的目的而增长。最懦弱的人，倘若认识到自己的弱点所在，而且相信只有努力与耐心才能让力量得到增强这条真理，那么他必将全力以赴。努力再努力，耐心再耐心，坚韧不拔，弱者终将成为强者。

正如体质上虚弱者可以通过认真细致的锻炼使自己强壮起来那样，思想上的懦夫，也可以通过练习正确地思考，使自己成为思想上的强者。

强者只把失败看作是通向成功的必经之路；强者可以很好地适应不同的环境，坚定地思想，无所畏惧地尝试，稳稳地获得成功。弱者倘若能够摒弃毫无目标及唯唯诺诺，开始有目标地思想，那么他终将加入强者的行列。

人一旦定下自己的目标，就应当一个心思地朝着实现这一目标的方向前进，途中不能左顾右盼、见异思迁。怀疑与害怕应该被严格地清除，它们是消极因素，会瓦解员工的斗志，影响员工全力以赴地向既定目标前进。怀疑与害怕的思想，永远让人一事无成。它们总会导致失败。当怀疑与害怕潜入时，目标、精力、能量及一切坚定的思想都会受到严重冲击。

我们愿意去做，是由于我们认识到我们能够做。怀疑与害怕是这种认识的大敌。员工倘若纵容怀疑与害怕，不想方设法剔除它们，那么他在自己的人生道路上迈出的每一步都会遭受挫折。

征服了怀疑与害怕的人，等于征服了失败。他的每一种思想都与力量为伍，所有的困难他都能勇敢地面对、明智地克服。他的目标就像按季而种的果树，随着时令的变化开花结果，而且它的果实不会在没有成熟之前就掉落。

思想一旦无所畏惧地与目标相结合，它就能够成为一种创造性力量。认识到这一点，就能够成为一个敢做敢为者，你的思想就不会摇摆不定，你的行为就不会随波逐流。能够做到这一点的人，实际上已经离成为老板不远。

没有种子就没有禾苗

有的员工之所以被经常炒鱿鱼，就是因为他没有以老板的心态工作。

只有完成大量的勘探及开采工作，我们才能够得到黄金及宝石。如果人能够努力开采他心灵的矿藏，他便能够探寻到与自己做人息息相关的每条真理。

思想是塑造一切的支配力量，从根本上来讲，人与动物的本质区别就在于思想，就在于人能够利用思想这种工具，使自己的意愿得以实现，并带来了无数的欢乐与疾苦。人悄无声息地思想，并最终将思想化为现实。周围的环境只不过是人的观望镜。

有句格言称：人的内心是怎样想的，他就会成为怎样的人。这句话涵盖了人的全部，它是一句高度浓缩的精辟之言，触及到人生所碰到的各种境况。可以毫不夸张地讲，人就是其所想，人的品质是其思想的总括。

土壤中没有种子，就没有禾苗破土而出；没有了思想的种子，人的行为也无从谈起。无论是自然而然的行为，出乎意料的行为，或者是精心设计的行为，都体现出了同一个道理。

行为是思想的花，欢乐与悲伤则是思想的果；到底能收获甜蜜的果实，还是收获苦涩的果实，都取决于播下的种子。这就是我们常说的种瓜得瓜，种豆得豆。

尽管头脑中的思想使我们成为现实中的人，但思想却是我们精心培植的。

如果内心包藏邪恶的思想，痛苦就会伴着他走，就像车轮伴着拉车的牛走一样。

如果培植出至纯至真的思想，那么欢乐就将永远与他相伴，就如同他的身影永远与他相伴一般。

人是自然规律的产物。因果不仅体现在可看得见的物质世界中，而且它也毋庸置疑地暗藏在思想的王国。

高贵的、至高无上的品质，并非是一种恩赐或机遇，而是在正确思想指导下不断努力的自然结果，是长期培植至高无上的思想之必然所得。卑鄙的、野兽般的品质的形成过程也一样，它是长期包藏祸心的必然结果。

即使作为员工，人生也是由自己创造的。人的行为是由思想支配的，人们在动用武力思想的指导下，就千方百计地制造出了自我毁灭的武器。人们也崇尚使用思想工具，用这种思想工具可为自己创造出无限的欢乐、力量与和平。通过做出正确的选择，竖立正确的思想，人就能够升华至神圣的完美；而对邪恶思想的培植及滥用，则必然导致人沦落到兽类的层次。在这两个极端中间，产生各个层次的品质，而人是自己命运的创造者及主宰者。

在所有美好的真理中，最能够令人愉悦、最能够带来累累硕果的就是：人是思想的支配者，品质的培养者，状况、环境及命运的塑造者。

作为力量、智慧与关爱的化身，以及自己思想的主人，人掌管着一把能应对任何境况的万能钥匙。在他的自身内设置了一个转化及再生的装置，借助这个装置，人可以在自己所需要的各种品质中转换。

人应该成为自己命运的主人，甚至在自己的弱点上及恶行方面也是如此。但在人的弱点及堕落行为上，是对他的人格管理不当的愚蠢的主人。倘若他能够开始认真思考自己所处的境况，并对自己生存及发展所应遵循的自然规则孜孜以求的话，那么他就能够成为一位明智的主人。他能非常聪明地利用自己的能量，实现美好的思想，最终取得丰硕的成果。

做到这些便是一个有觉悟的主人。人们只有在自己的内心发

现了思想的法则，才能够成为这样的人。这种发现需要的是用功、自我分析及体验。

人是自己品质的培养者、塑造者，以及命运的构筑者。这个道理是可以明白无误地加以证实的。如果他能够观察、控制及变革他的思想，追踪其思想对自身、对他人以及对他的人生境况所产生的作用；如果人能够借助耐心的实践与检验把因果联系起来，并且把他的每次经历——哪怕只是日常生活中的琐碎之事，作为认识自我及理解智慧与力量的手段，那么这个道理也可以得到证实。

找一个自己喜欢的工作

要事业成功，应先尽量找到一个自己喜欢的工作。轮胎制造商古里奇公司的董事长大卫·古里奇，他说成大事者的第一要件是喜欢作为员工时的工作。他说，如果员工喜欢自己所从事的工作，虽然工作的时间也许很长，但却丝毫不觉得是在工作，反倒视为是游戏。

爱迪生就是一个好例子。这个未曾进过学校的报童，后来却促使美国的工业革命完全改观。爱迪生几乎每天在他的实验室里辛苦工作十八个小时以上，在那里吃饭、睡觉。但他丝毫不以为苦："我一生中从未做过一天工作"，他宣称，"我每天其乐无穷。"所以他会成为成大事者！

卡耐基曾听见查理·史兹韦伯说过类似的话。他说："每个从事他所无限热爱的工作的人，都能成为成大事者。"

有一个青年的父亲是律师，所以他也为了考取律师执照日以继夜地读书，但是考了几次，仍然没有通过，他非常苦恼。实际上，该青年并不喜欢当律师，每次学习时都心不在焉。他喜欢富有创意性的事情，因此他接受了别人给予的建议，试着转换人生的方向。

后来，这个青年以美化景色建筑师的身份进入了一家建造庭园的公司，不到一年的时间，他的设计就在比赛中得奖了。

现在他已得到该公司的重用，事业蒸蒸日上。

员工绝对不能按别人的要求去做某一行业，员工所要做的一定要是自己最喜欢的工作。

这个故事中的青年选择自己感兴趣的工作而改行，确实是非常正确的选择。为了获得成功，最直截了当的方法就是从事自己喜欢的职业。实际上，凡是因工作而生出烦恼的人，有很多情况是心不甘情不愿地做着工作，因此无法产生干劲，也不会心存感激，自然也就不可能尽职尽责。

有很多刚刚参加工作的年轻人整天无精打采，毫无工作与生活的乐趣可言，他们怨叹工作的烦躁和人生的无聊。为什么他们会这样悲观呢？主要是因为他们正做着自己不感兴趣的事。

我们常常会看到这样的情况，有些人有不错的学识，但是因为所从事的职业与他们的才能不相配，久而久之竟使原有的工作能力都失掉了。由此可见，不称心的职业最容易糟蹋人的精神，使人无法发挥自己的才能。

任何职业只要与员工的志趣相投，员工就不会陷于失败的境

地。员工一旦选择了真正感兴趣的职业，工作起来就会特别卖力，总能精力充沛、神采奕奕，且能愉快地胜任。合适的职业会在各方面发挥员工的才能，使员工迅速地进步，往老板的方向靠近。

也许你会说，刚入社会，我对工作都没有一点概念，怎么能够对工作产生热爱呢？艾得娜·卡尔夫人曾为杜邦公司雇用过数千名员工，现为美国家庭产品公司的公共关系副总经理。她说世界上最大的悲剧就是，那么多的年轻人从来没有发现他们真正想做些什么。我想，员工如果只从他的工作中获得薪水，而别无其他，那真是最可怜的了。卡尔夫人说有一些大学毕业生跑到她那儿说"我获得了达茅斯大学的文学士学位或是康莱尔大学的硕士学位，你公司里有没有适合我的职位？"他们甚至不晓得自己能够做些什么，也不知道希望做些什么。因此，难怪有那么多人在开始时野心勃勃，充满玫瑰般的美梦，但到了四十多岁以后，却一事无成，痛苦沮丧，甚至精神崩溃。事实上，选择正确的工作，对员工的身心健康也十分重要。琼斯霍金斯医院的雷蒙大夫与几家保险公司联合作了一项调查，研究使人长寿的因素，他把合适的工作排在第一位。这正好符合了苏格兰哲学家卡莱尔的名言：祝福那些找到他们心爱的工作之人，他们已无需祈求其他的幸福了。

卡耐基最近曾和索可尼石油公司的人事经理、《求职的六大方法》一书作者保罗·波恩顿畅谈了一晚上。卡耐基问他今日的年轻人求职时，所犯的最大错误是什么？"他们不知道他们想干些什么。"他说。这真叫人万分惊骇，员工花在选购一件穿几年就会破损的衣服上的心思，竟比选择一件关系将来命运的工作要多得多——而他将来的全部幸福和安宁全都建立在这件工作上了。

　　喜欢员工的工作，员工的工作将成为成大事、当老板的机遇。

想做老板先做出类拔萃的员工

　　有人曾说过，员工应该永远同时从事两项工作：一项是目前所从事的工作；另一项则是真正想做的工作。如果员工能将该做的工作做得和想做的工作一样认真，那么员工一定会成功。因为员工在为未来做准备，正在学习一些足以超越目前职位，甚至成为老板的技巧。当时机成熟时，该员工已准备就绪了。

　　当员工精熟了某一项工作，别陶醉于一时的成就，赶快想一想未来，想一想现在所做的事有没有改进的余地？这些都能使员工在未来取得更长足的进步。尽管有些问题属于老板考虑的范畴，但是如果员工考虑了，说明员工正朝老板的方向迈进。

　　下述是使员工出类、拔萃蜕变为老板的捷径，供员工参考。

知识是最好的成功阶梯

　　最新的统计数字表明，近5年全球新诞生的百万富翁中，80%以上是从事以网络计算机为代表的高科技行业及以风险投资为代表的金融行业，并且大都是30~40岁之间的年轻人。最突出的莫过于比尔·盖茨，曾以900多亿美元的身价高居世界富翁的榜首。而在中国，35岁的杨元庆出任联想少帅；38岁的段永平数年时间连创小霸王、步步高两大品牌，一个南下的打工仔的创

业神话让全球注目。杨致远因创办雅虎而一举成名，张朝阳又以搜狐而闻名。

这些年轻有为的成功者与富翁都来自我们普通的百姓中间，他们的昨天与我们芸芸众生一样平凡普通。没有显赫的门庭，没有结交权贵到处钻营，没有凭条子批地皮，没有鲸吞国有资产，没有贪污受贿巧取豪夺。他们出身平凡，艰苦求学，以知识为资本，创下了骄人的财富与业绩。

以前的富翁都是世代遗传的结果，即使一些白手起家的致富者，也几乎耗去了一生的精力，才得以成为富豪。但现在因为有知识的力量，财富积聚的速度成倍地增加了，过去需要几十年甚至上百年的财富积聚，现在几年甚至两三年就完成了。这就是知识的魅力、知识的威力。

21世纪，是依靠知识和头脑致富的时代。著名的经济学家盖布瑞博士曾说：工业社会的动力是金钱，但在信息社会却是知识。人们将会看到一个拥有信息且不为无知所挟的新阶级出现；这些人会拥有权力——但这权力并非来自金钱、来自土地，而是来自知识。

在当今世界，权力与财富分配的游戏规则已经改变。正如美国著名未来学家阿尔温·托夫勒所说：知识资本最终将导致世界财富的一次大转移，转移到知识资源掌握者手中。财富的定义，正在从诸如黄金、货币或土地之类的有形资产逐步转移到无形的知识，即谁拥有更多知识，谁就拥有更多的财富；权力的内涵，也将不再以某个特殊的位置为标志，而以对知识的驾驭和控制为基础。在头脑日益清晰的知识经济时代，社会财富的分配是以知识为轴心的。把握时代的特点抢到自己的财富。

在古代，体能与武力就是权力和财富的来源——最健壮最敏捷的人便可指挥族人，成为领袖，坐拥财富。随之而来的社会发展下，权力与财富来自于继承，由王公贵族所拥有，不容别人分享。工业革命改变了这个数千年不变的社会形态：只要员工有知识，懂得运用自己的想象力去发明创造，员工就可以致富，拥有令人慑服的权力。

随着交通与通讯系统的发达，我们迅速地进入了信息时代。在这个时代，任何一个身穿牛仔裤的年轻人都可以"平地一声雷"，眨眼成为巨富——只要他掌握到特殊的知识。

早在1990年，托夫勒就在其《权力的转移》一书中预言，知识在21世纪必定毫无疑问地成为首位的权力象征。他说，知识除了可以代替物质、运输和能源之外，还可以节省时间；知识在理论上取之不尽，是最终的代替品，它已成为产业的最终资源；知识是21世纪经济增长的关键因素。

由工业社会发展到知识经济社会，社会活动的中心就是由经济人转移到智能人。这种人，讲究思维效率，追求智力财富，视知识为价值尺度，从而脱离了动物式的生存竞争。而且智能人的特点是具有知识价值观，重视开发智源，既开发自然智源，又开发人工智源，并在开发智源过程中发展自己的知识。

在生活中的几乎一切领域，我们都能感受到知识与信息的重要性。在1920年，制造一辆汽车成本的85%以上是付给从事常规生产的工人和投资者；到了1990年，这两种人得到的份额不到85%，其余部分则分给了设计人员、工程师、战略家、金融专

家、经理人员、律师、广告商和销售商等一大群善于识别新问题和解决问题的创新者。而今天，财富分配的规则很显然已经真正以知识为轴心。例如在半导体芯片的价格中，3%归原材料和能源的主人，5%归拥有设备和设施的人，6%归常规工人，85%以上则归从事专门设计、工程服务或拥有相关专利和版权的人。

在知识经济时代，智能经济逐渐取代了物质经济统治世界。我们正在逐步脱离工业文明时代而进入知识经济时代。推动社会发展的已经不是简单的劳动的力量，也不是资本的力量，而是知识。发展依靠创新，创新依赖知识，今日已成共识。我们要生存、要发展、要致富，就必须拥有知识、运用知识！

很久以前，我们知道知识就是力量、知识就是金钱，但真正有机会实现知识就是金钱的梦想，却在今天这个时代！一批科技富豪的诞生，犹如汹涌澎湃的浪潮，冲击着我们传统的经商观念、教育体制、分配制度等。过去，我们推崇勤劳致富的观念，因为勤劳确实是中华民族的传统美德。勤劳致富，是靠本身、靠实在、靠勤奋、靠诚实，因而值得宣扬和推崇。在经济日益知识化、技术化、全球化和网络化的今天，知识、创新已超过勤劳成为致富的首要条件。

推销员是最好的经商锻炼

推销工作是立足现代放眼未来，同时也是作好员工本职工作与当老板的愿望有机结合起来的捷径。

李嘉诚是通过推销员工作，从一个打工仔变成老板的典型。

李嘉诚成为一个行街仔时，面临的是一个全新的领域。

行街推销，与茶楼侍候客人和坐店销售钟表皆不同。后者顾客已有购买的意向，而行街推销，最初只有一方的意向。

对方有没有买的意图？需不需要你的产品？你如何寻找客户、联系客户？你与客户初次会面该说什么话，穿什么衣服？客户没有合作意向，你如何激发他的意向？建立了购销关系的客户，你如何巩固这种关系？

真正的推销艺术，大学课堂里学不到，任何书本也找不到。推销的艺术，在推销的本身，只能在推销之中去把握和领悟。

这对一个毫无推销经验的青年人来说，又谈何容易！

但是，李嘉诚把推销员这个行当看作学习做生意的好机遇，开动脑筋，不断从中提高自己经商的能力。

李嘉诚生性腼腆，内向而不喜主动交谈。数十年后的今天，李嘉诚出席正式场合，他仍不是个滔滔不绝、谈锋犀利的人。

可他腼腆的另一面，显示出一个可贵的优点来，就是诚实。诚实不仅写在当年他那张稚气未脱的脸上，更表现在他的行为之中。

李嘉诚在五金厂时，推销对象都集中于卖日杂货的店铺。推销员众多，而店铺有限，因此，17 岁的李嘉诚一入行就感到竞争十分激烈。

最初，他去向杂货店推销铁桶，但收效甚微。他觉得按这种老套路走，很难有突破，必须另寻他法。经过一番思考，最后他决定避实击虚，独辟路径，采取直接向用户销售的方法进攻。

当时，推销员到酒楼、旅店直接推销的不多。但直销方式却有着不可比拟的优势：一来直销的价格是按出厂价，比客户到市

场去买来得便宜；二来送货上门，节省了客户的时间和精力。而且，酒楼、旅店是购进铁桶的大客户。

经过以上分析之后，李嘉诚便决定集中精力向酒楼、旅店推销。结果，他这招一出手，便大获成功。

李嘉诚曾经联系了一家旅店，一次就推销出100多只铁桶，这在当时，可谓十分惊人的业绩。

但是酒楼、旅店毕竟也不多，铁桶又经久耐用，成交一次，要间隔很长时间才有再做一笔生意的机会。为扩大业务，李嘉诚又对家庭散户进行了一番细致地研究。他发现，当时高级住宅区的住户大多使用铝桶，而很少有人买铁桶。

于是，他就把目标瞄准中下层居民区。

但问题在于，家庭散户对铁桶的需要量太少，一户家庭通常也只使用一两只铁桶，其购买量远非酒楼、旅店可比。

然而，李嘉诚说，家庭散户又有一个酒楼、旅店不能比拟的优势，那就是积少成多的庞大数量。如何占领这一分散而又不可忽视的庞大市场？李嘉诚一时一筹莫展。

一天，李嘉诚又在居民区附近徘徊，思考对策。他偶然看见几个老太太正围坐在居民区的庭院中择菜聊天，顿觉茅塞顿开，随即心生一计：

李嘉诚专找老太太卖桶。

为什么呢？李嘉诚说，在老太太中，只要卖掉了一只铁桶，就等于卖掉了一批。因为老太太都不上班，闲居在家，喜欢串门唠嗑，她们自然而然就成了他的义务推销员。

李嘉诚这一招果然产生了奇效，销售业绩突飞猛进。李嘉诚之前开辟的酒楼、旅馆的直销路线后，其他推销员也跟风而上。渐渐地，酒楼、旅店的推销业务又不好做了。

虽然如此，李嘉诚的销售业绩仍远远超过他的同事们。有一件事，足以显示李嘉诚与众不同的商业素质。

有一家刚落成的旅馆正准备开张，大家都知道，这是推销铁桶的大好时机。

李嘉诚的几个同事兴冲冲地去找旅馆老板洽谈，不料全都碰了一鼻子灰，无功而返。原来，旅馆老板早已看好了另一家五金厂的铁桶。

李嘉诚主动前去推销铁桶，也被老板毫不客气地拒绝了。问题何在呢？

李嘉诚不是个轻易认输的人。离开酒楼不远，他又转身重新回到酒楼。再次见到老板后，不等对方开口，李嘉诚就抢先说："我这一次不是来推销铁桶的。我只是想向您请教，在我进贵店推销时，我的动作、言辞、态度等行为有什么不妥当的地方，请您指点迷津。我是个新手，又是晚辈，您比我有更丰富的经验，在商界您已经是成功人士了。我恳求您的指点，好让我改进。"

李嘉诚这种虚心坦诚的态度令老板大为感动。他随之一改拒人千里的冷冰冰态度，向李嘉诚提出了一些批评建议。

谦逊好学、博采众长的态度和风格，使他在同行中脱颖而出。

老板也喜欢上了这位谦虚诚实的少年，当即决定购买李嘉诚的铁桶。

李嘉诚这一招可谓是一箭双雕，既得到了成功人士的指导，又做成了生意。

第一章　没有梦想就没有成就

古人有"满招损，谦受益"的格言。这是什么道理呢？好比一个杯子，如果装满了水，别人就不会再往里面添水了，担心溢出来。做人也是这样，如果你表现得很自满，别人就不会再给你什么了。如果虚心，空出地方来，别人才会乐于为你添加点什么。

后来，李嘉诚的这一招屡试不爽。

渐渐地，李嘉诚在推销实践中总结出了许多有借鉴价值的经验。

李嘉诚说，对于有可能争取的顾客，要坚持到底，不达目的誓不罢休。相反，对那些根本没有可能做成生意的客户，则应当机立断，绝不磨蹭。

李嘉诚说，如果进入办公室后，你被客户请到办公桌的对面椅子上，与客户面对面地谈话，这就意味着，客户有诚意与你对话，但这仅是商务式的谈话，你的谈话必须措辞谨慎、简洁而实在，切忌夸夸其谈，以免引人厌烦。

如果你被请到办公室的沙发落座，则表示该客户有兴致与你长谈。

如果你根本没有被请坐下，那么，你就是个不受欢迎的人。

如果客户请你喝茶，就表示他对你欢迎并产生了兴趣。但切记，这也从另一个角度告诉你，他希望谈话的时间最好不要超过一杯茶的功夫。

如果在谈话过程中有电话打来，他安排秘书或别人代接，就说明客户对你推销的产品感兴趣并可能产生购买的意向。相反，客户对每个电话都接，并且对进来请示汇报工作的员工没完没了地下指示或做决定，那就是说，他希望你尽快离开。

作为一个推销员，就要通过这样一些细节，揣摩客户的态度，然后综合分析推销成功的概率有多大。

如果毫无希望，你最好立即告辞。这样可以争取时间。因为东方不亮西方亮，在你无端耗掉的这段时间里，在别处也许你早就做成了另一桩生意。因为时间就是金钱！

卡耐基说过，您想知道自己是否具备经商的素质，最好去当一当推销员。

经过这段推销生涯的磨练，李嘉诚对自己的商业素质有了足够的信心。他深有感触地说：

我一生最好的经商锻炼，是做推销员，这是我今天用 10 亿元也买不来的。

用礼貌来包装自己

世界最大香皂制造厂莫利威·皮托公司董事长赖托尔，年轻时是一个微不足道的香皂推销员。

他并不是一个能言善辩的人，不被人注意，平凡得不能再平凡。如果说跟别的推销员有什么不同的地方，那就是他有强烈的上进心和将来有一天要叱咤风云、雄视财界的理想，只此而已。

"我这一次并不是来推销香皂的，我只是想请教您刚才我进贵店推销香皂时，我的动作以及言词、态度等有什么不妥当的地方，请您指点好不好？您比我有着更丰富的经验，在商界您是一位成功的人士，我恳求您的教导，以作为晚辈改进的借鉴。"

这个立志要成为财界大亨的小伙子，每当进入一家商店推销失败之后，沮丧地从店内走出来，一会儿便走回去，再进刚拒他

于千里之外的店里，以非常认真的口气讨教。

这种虚心坦诚求教的精神和淳朴的态度，不仅得到了宝贵的忠言和批评，而且被他拜访的商店老板，一个个都很乐意跟他建立友谊，也很乐意地成为了他的新主顾。

这位饱受风吹日晒雨淋、走街串巷、到处请教的推销员，两年后升为销售部主任，5年后就跟朋友合伙开香皂工厂了。

工厂开业之后，有一天他对员工们说，事业要壮大发展，应该好好包装自己，尤其是推销部门的员工更需要包装。老板们对于产品的包装是非常重视的，但是重视自己以及员工包装的人却少之又少。老板们对于简简单单的香皂、香烟、茶叶等的包装以及汽车的外观，花几十万美元的设计费毫不吝惜，但是对于代表公司形象的推销员的包装却不闻不问，一点都不注意了。

一个员工问他："董事长，您说的包装是不是指的推销员的服装？"赖托尔以平静的口气回答，"是的，但不仅是服装，还有语言，语言比服装更重要。"

"董事长！还有什么重要呢？"员工迫切地问；

赖托尔的脸上浮现了微笑，他的语气也加重了：

"还有推销员的态度！走路、开门"拿样品以及演示时的态度也非常重要。有礼貌的绅士风度，可以让推销员很快取得成功。对待任何人都必须真诚而和蔼，这是基本的礼貌。对工友和对董事长的态度虽然稍有差别，但是必须给任何人都能产生好感才行。发出爽快、温和的声音，认真聆听顾客的意见，对顾客显出亲近的表情，谈笑自若，令人觉得跟你讲话愉快，这都是礼貌。员工们，特别是推销员应该用这些礼貌来包装自己，才能在竞争激烈的这个世界站得住脚，公司才能向下扎根，才能有锦绣前程。

赖托尔的关于人的包装的思想是从何而来的呢？说来是这样的：

有一天，他应邀出席一次厂商的商品包装会。会场里展示着五花八门的许多商品，有以前的陈旧而单调的包装，也有令人眼花缭乱的新款式包装。

参观比较之后，他感慨万千：是啊，要增加销售量，商品的包装必须时常改变，隔一些时候就该以崭新的面貌推出才行。商品包装的求新求美虽然重要，但是人的包装更加重要。在人的包装这方面，我要下一番工夫，非求更完美、更完善不可。

这样，从推销员开始，他终于实现了从员工到老板的转化，并经过数十年的奋斗，他的工厂终于成为世界最大的香皂制造厂。

突出自身的创造力

在工作中，许多员工抱着坚守岗位的态度，做事因循守旧，缺少创新精神。说创新是老板的事，与己无关，自己只要把分内的工作做好即可，舍此无他。

这种思想实在要不得。要知道，谁也不比谁强，谁也不比谁差。你所拥有的，别人同样也拥有。如何能够突围而出，高人一筹？员工务必突出自身的创造力。

发挥创新行为不仅对公司有利，也对员工本人的形象、声誉、能力和前途有利。无论创新的意念是否被老板接纳，进行的是否

顺利，都能显示出员工对公司的热诚和责任感。

成败得失并非关键，重要的是那份勇于尝试的精神，能够有助于员工获得老板的认同。

纵观事业上取得成功的员工，他们一般都不是那种从常规去考虑问题的人，而是能够在创新的立场上，考虑各种问题的人。有这样一个故事：

两个欧洲的推销员去非洲推销皮鞋。由于天气炎热，非洲人向来都光着脚。第一个推销员看到此景立刻失望起来，并即刻打道回府。而另一个推销员却惊喜万分：这些人没有鞋穿，一定大有市场啊！于是他想方设法，引导非洲人购买皮鞋，结果发大财而归。

同样是非洲市场，同样面对光着脚的非洲人，由于观念之差，一位员工因循守旧，不战而败；而另一位员工信心满怀，敢于创新，大获全胜。这就是创新与守旧的天壤之别。

总之，创造性的眼光，可以使员工摆脱本行业的条条框框，接受其他领域中的优秀思想。当员工尝试用不同的角度看事物时，创新的智慧常会让员工得出独到的见解，再加上进一步的整理和分析，必然令老板大为信服。

如何摒弃保守的思想，训练自己充满新意的工作意念呢？

最好的办法就是做功课。就像老师要学生做作文，迫不得已学生只好创作。工作同样如是。比如提交业务拓展计划，是强迫员工不能因循而要创新的捷径。所以从某种意义上说，所谓的创新成绩是逼出来的。但员工在积极创新时，应注意物极必反。过分的标新立异是令人生厌的。

有一些刚开始工作的人，为了引起老板的注意，常常哗众取宠，做出一些与众不同的表现，不料聪明反被聪明误，反而引来了别人的非议。

作为一名员工，当准确地认定自己的工作性质时，就能极大提高工作能力，突破制约员工成功的瓶颈，飞上枝头变凤凰只是时间的问题。

积累当老板的资本

学会积累

有个人很穷，一天，他在路上捡到一个鸡蛋。

回来后，他便高兴地对妻子说："我们可以致富了，我们现在有了一个鸡蛋，我们可借邻居家的母鸡将它育成小鸡，鸡长大又生蛋，再孵小鸡，再买牛，卖牛的钱可以还债，日复一日，年复一年，我们就可以得到更多的钱……"

如果这个人不把得到的蛋拿去孵鸡，而是吃掉，恐怕就难以实现致富的目标了。

社会上的确有一些先富起来的人，只顾眼前，不思长远，总想把鸡下的蛋吃光。盲目攀比、盲目消费，就像梦中发了横财，不知如何是好，从没想过扩大实业，拓展生意。

作为员工，你会靠自己的劳动得到一些财富报酬，但是钱再多也是有限的，坐吃必然带来山空。

钱财只有流通起来才能赚取更多的利润，才能使优裕的生活得到保证。

无独有偶。许多人向富翁阿卡德询问致富的方法，阿卡德问他们，假如你有一个篮子，每天早晨在篮子里放进10个鸡蛋，每天晚上再从篮子里拿出9个鸡蛋，最后将会出现什么情况？

"总有一天，篮子会满起来，"有人回答，"因为我每天放进篮子里的鸡蛋比拿出来的多一个。"

阿卡德笑着说，致富的首要原则就是在你放进钱包里的10个硬币中，顶多只能用掉9个。

这个故事告诉你必须学会积累。你应该知道，除非养成节俭的习惯，否则你永远不能积聚财富。

一块钱对你来说可能微不足道，但是它却是财富得以生长的种子。如果我们要享受鲜花的芬芳，吃上新鲜的蔬菜，我们就必须播种，把种子播种在肥沃的土壤里，细心地呵护。除非我们足够的幸运，或许可以栽上一株就要收货的植物，否则，我们就必须去播种，才会有收获。

每一个硬币都是一棵财富之树的种子，是人人都羡慕、人人都渴望拥有的财富之树的种子。如果你幻想自己拥有一棵这样的树，如果你想年老的时候可以过上安逸的生活，你就要理智地行动起来，积小流可以成江海。

善于节俭

如果员工能够节俭地利用自己的收入，免除不必要的开支，那么几乎任何员工都能够自给自足。但不得不说，这又是世界上最困难的一件事情。许许多多的人甘愿做艰苦地工作，但是能够做到生活节俭、量入为出的人却很少。

那些把赚来的钱立刻花掉的人，他们的收入没过多久就被吃喝空，他们从不拿出一小部分作为积蓄，以备在疾病或者失业等紧急情况下使用。所以，在金融危机的时候，在工厂倒闭的时候，在资本家冻结资金不再投资的时候，他们陷入了困境，甚至要破产。这些从不为未来准备任何储蓄的人，不会比一个乞丐过得更富足。

你知道为什么有的人总是悲叹自己没有变得富裕起来吗？因为他花掉了自己所有的收入。

节俭不仅创造财富，而且还磨练员工的意志，培养员工的品格。永远记住千金散尽还复来。从现在开始，认真对待每一个硬币吧！

有了积累你就会有自己的事业，但只有把手中的钱合理地运用到经营投资活动中，才能获得更高的效益，赚到更多的钱。所以要想使自己的优裕生活得到保障，就不应一时心血来潮，盲目花费，要积累、创业、拓展生意，才能更好地致富。

有一种理念可以使你尽管没有比尔·盖茨那样多的财富，可同样过着一种舒适的生活。

对许多节俭的行为，很多年轻员工是不屑一顾的：省能省下多少钱？只有赚出来的百万富翁，没听说有省出来的百万富翁，只有赚钱才是硬道理。

首先要说明的是，这种看法并没有完全错，只是太片面了。

在今天这个社会，积聚财富的速度已远远超出了人们的传统

想象力。比尔·盖茨 10 余年间赚下的财富可以同一个国家的财富相提并论；小超人李泽楷一夜之间，却让老超人李嘉诚数十年的辛苦经营黯然失色……新兴行业的新贵们似乎已经改写了世界的进程和原有的经济规律。

员工可以向比尔·盖茨、李泽楷等人学习，可问题是：员工可能永远无法像他们那样比印钞票还要快的速度赚钱，员工也许只能赚那份虽不多但也不少的薪水，老老实实地养家糊口。人人都想最大限度、最快速度地去增加财富，但也许员工的运气并不那么好，所以不放弃员工开源计划的同时，最好还是听听节流的忠告。

不仅是员工赚下的，就是员工省下的也能使员工富有（当然比尔·盖茨等人除外，也许他们赚的钱无论怎么挥霍都花不完了）。

赚来的只是收入，省下的才是利润。

为了说明这两条忠告，我们来做个分析：假设员工月收入 5000 元，如果员工维持日常所用，应酬、娱乐等各项开支是 6000 元，那么员工欠债 1000 元；如果员工只花了 4000 元，那么节余 1000 元。如果员工维持在这样的水平上，那么在员工的毛收入中，成本开支（生存、娱乐、工作等项）为 80%，利润率仅有 20%。

进一步假设，如果员工善于管理和经营，在维持生活质量的情况下，采取了一些节约成本的措施，每月省 500 元，那么就相当于每月多收入了 500 元，或者员工的利润率上升为 30%。

再进一步假设，如果员工善于投资，可以用这些利润去投资股票等，如能保持 20% 的年收益率，长此以往，又将如何？可以肯定的是，子女教育、退休养老等问题不会再让员工头疼。

可见节俭的重要。所以我们必须改掉不屑节俭的观念。从现在开始，节俭生活，培养自己爱节俭的好习惯。

跌倒了再爬起来

一个女孩子莫名其妙地被老板炒了鱿鱼。老板吩咐她下午去财务室结算工资。中午，她坐在公园的长椅上黯然伤神。这时，她看见一个小孩子站在她身边一直不走，便奇怪地问："你站在这里干什么？"

"这条长椅背刚刚刷过油漆，我想看看你站起来背上是什么样子。"小家伙说。

女孩子怔了怔，然后，她笑了。

她恍然大悟：如同这双天真烂漫的眼睛想看到她背上的油漆一样，她昔日那些精明世故的同事也正怀着强烈的兴趣想要窥探她的落魄和失意。她决定不在意丢失工作的同时，也不丢失自己的笑容和尊严。

你可以想象得到，女孩子下午走进公司时，等待着看到她落魄的同事，看到的将是怎样一副自信而灿烂的笑容。

现在你面对的还是一个美好的世界，各种挫折和尴尬你还无法体会，但我不得不警告你，生活中的失意处处可见，真的就像那些油漆未干的椅背。我以前遇到过很多很多，你只要行走于社会，今后也一定不可避免会碰到它。

如果有一天，你实在没办法已经坐上了，那也别沮丧。站起

来的时候，别让人看到你背后的油漆。

怎么才能让人看不到呢？很简单，将那件已经沾上油漆的外套脱下来，拿在手上。有时候，面对某些伤害，我们就得这么保护自己。

在职场失意时，不要用哀伤的容颜表达自己的心情，这对改善厄运不会有任何好处，反而许多人会如同看到员工背上的油漆一样幸灾乐祸。

英雄可以被毁灭，但是不能被击败；英雄的肉体可以被毁灭，可是精神和斗志不能失去。

很多人告诉自己，我已经尝试过了，不幸的是我失败了。其实他们并没有搞清楚失败的真正含义。

弗特被公司解雇了，这如同晴天霹雳。

他找不到其他合适的工作，于是自己干脆做起小生意来。这是他第一次当老板，做自己想做的事。虽然仍然要面对各种问题，但是他的生活更有意义，更有挑战性，这一切都是晴天霹雳带来的好处。

大多数人总是在遭受晴天霹雳之后才会醒悟。为什么呢？因为不求改变是最不伤脑筋的。所以我们每天都在做同样的事，直到我们碰壁为止。以健康为例，我们什么时候才会注意饮食、开始运动呢？当我们百病缠身的时候，当医生说，你如果再不改变生活方式，你就死定了！突然间，我们就有了改变的动机。

在男女关系方面，我们通常什么时候才对伴侣表示关心？当婚姻亮起红灯的时候，当家庭面临破裂的时候！

在事业方面，我们什么时候才肯去尝试新观念、做出有创意的举动？当我们没有钱付账的时候！

我们什么时候才体会到为顾客服务的重要性？当所有顾客都走光的时候！

只有在到处碰壁的时候，我们才能学会人生最重要的课题。

想想看，你一生中最大的决定是怎么做出的？多半是跌得鼻青脸肿，被人打得头破血流的时候。那时，你会告诉自己，我恨透了过苦日子，恨透了被人当皮球一样踢来踢去，恨透了做一个平庸的人，我一定要出人头地！

成功的时候，我们会大肆庆祝，却没能从中得到任何体会。失败也许会让人遍体鳞伤，但是也只有在这种情况下，我们才会从中吸取教训。仔细想想，晴天霹雳往往是人生的转折点。

人都有好逸恶劳的毛病，如果不是被环境所迫，多半都只会安于现状，不求改变。

那么，人生就是一连串痛苦的晴天霹雳吗？那也未必，上帝通常都是用温和的警告来提醒我们。当我们对他的警告置之不理，他老人家才会重重地敲下一槌来。也是为了让你避免更多地遭受晴天霹雳，让你引以为戒，善加利用，以求生活无忧、工作顺畅。

大部分人在一生中都不会一帆风顺，难免会遭受挫折和不幸。但是成功者和失败者非常重要的一个区别就是，失败者总是把挫折当成失败，从而使每次挫折都能够深深打击他的锐气；成功者则是从不言败，在一次又一次挫折面前，总是对自己说，我不是失败了，而是还没有成功。一个暂时失利的人，如果继续努力，打算赢回来，那么他今天的失利，就不是真正失败。相反的，如果他失去了再战斗的勇气，那就是真输了！

　　如果你把眼光拘泥于挫折的痛苦之上，你就很难再抽出身来想一想自己下一步如何努力，最后如何成功。一个拳击运动员说，当你的左眼被打伤时，右眼还得睁得大大的，才能够看清敌人，也才能够有机会还手。如果右眼同时闭上，那么不但右眼也要挨拳头，恐怕连命都难保！拳击就是这样，即使面对对手无比强劲的攻击，你还得睁大眼睛面对受伤的可能，如果不是这样的话一定会失败得更惨。其实人生又何尝不是这样呢？

　　大哲学家尼采说过，受苦的人，没有悲观的权利。已经受苦了，为什么还要被剥夺悲观的权利呢？因为受苦的人，必须要克服困境，悲伤和哭泣只能加重伤痛，所以不但不能悲观，而且要比别人更积极。在冰天雪地中历险的人都知道，凡是在途中说我撑不下去了，让我躺下来喘口气的同伴，很快就会死亡，因为当他不再走、不再动时，他的体温就会迅速地降低，很快就会被冻死。在人生的战场上，如果失去了跌倒以后再爬起来的勇气，我们就只能得到彻底的失败。

　　这个世界上安于现状的人实在是太多了，他们总是想，就这样活着吧，机遇不好，老天对我也不公平。于是你越这么想，你就越觉得心安理得，你也就越放松自己，得过且过地过日子。

第二章 | 提高
自主经营的能力

　　有老板心态的员工就是有自主经营能力的员工。如果一个员工只是照上面交代的去做事以换取薪水，这是不可取的。每一个人都必须以预备成为老板的心态去做事。如果这样做了，在工作上一定会有种种新发现，其个人也会逐渐成长起来。

　　以老板的心态对待公司，这是许多大企业正在倡导的一种企业文化。

做老板的好帮手

做好参谋

帮助老板获取成功有许多方式，但不是拍马屁。杰克是国际市场部总经理助理。他接到了一项紧急任务，根据老板的笔记，准备好业务进展曲线图表。起草图表时，他注意到老板写道：美元坚挺，则出口就会增加。杰克知道，事实恰恰相反。于是，便通报老板，告知已经纠正了这一错误。

老板很感谢杰克发觉了他的疏忽。当第二天向上呈报未出丝毫纰漏后，老板对杰克做出的努力再次道谢。不久，杰克发现自己的薪酬有所增加。

老板并非全才，在工作中他会遇到许多难题。这些难题也许不是你的分内工作，可是这些难题的存在却阻碍着团队的前进，如果你能够帮助老板解决这些难题，无疑，你在成功的路上会进展得更快。

自告奋勇

卡尔是某学院的部门助理，他的老板罗格负责管理学生和教职员工。极其糟糕的签到系统使学生们常常因还未上课就被记名。许多班级拥挤不堪，而另一些班级却又太小，面临被注销的危险。意识到罗格承受着改进学生签到系统的压力，卡尔自告奋勇组织攻关，负责开发一个新的签到体系。老板高兴地同意了他的意见。于是这个攻关小组开发出一个大有改进的系统。之后的一次组织机构改组中，罗格升任了主任，随即，卡尔被提升为副主任。对卡尔开发并成功地完成了这套系统，罗格给予了高度赞扬。

一般说来，时刻和老板保持一致并帮助老板取得成功的人，往往最终会成为企业的中坚力量，自己也会成为令人艳羡的成功人士。

任何人都清楚，个人的成功是建立在团队成功之上的；没有企业的快速增长和高额利润，我们也不可能获取丰厚的薪酬。

盯住老板的目标

企业的成功意味着老板的成功，也意味着员工的成功。也就是说，你必须认识到，只有老板成功了，你才能够成功。老板和员工的关系就是一荣俱荣，一损俱损，认识到这一点，你很快就能在工作中赢得老板的青睐。

你的使命是帮助你的老板完成他（或她）的现实目标。然而，这些目标究竟是什么目标？有的时候，答案简洁明了，可有时，你不得不做一点更深层的挖掘。

汤姆是一家纺织公司的销售代表，对自己的销售纪录引以为豪。曾有几次，他向他的老板琼斯解释说，他如何如何卖力工作，劝说一位服装制造商向公司订货。可是，每次琼斯只是点点头，淡淡地表示赞同。

最后，汤姆鼓起勇气，我们的业务是销售纺织品，不是吗？他问道："难道您不喜欢我的客户？"

琼斯和他的态度一样，直视着他，答道："汤姆，你把精力放在一个小小的制造商身上，可他耗费了我们太大的精力。请把注意力盯在一次可订3000码货物的大客户身上！"

汤姆得到信息后，他把手中较小的客户交给一位经纪人。虽然他只收到少量的佣金，但更重要的是：他正在努力实现他的目标——找到主要客户。

人们在追求自己的目标时，很容易忘却最初的原因：老板说你能为他（或她）的成功尽心尽力，做出贡献。不少职场人员验证了这一法则的价值所在。

一位负责家用电器连锁店的副经理，她对她的老板说：如果扩大连锁店的经营规模，生意便可扩大2倍。但老板还是有些犹豫不定，因为老板还难以确定经营扩大后的前景，即规模扩大能否带来适当的回报。在一次地区销售会上，这位副经理兴奋地说工作开展得不错，连锁店生意兴旺。多数经理们也许常常抱怨不能把所有商品和用户塞进如此狭小的空间，而我们，上周几乎把电视机直接从运货车上卖掉。如果有更大的地方，我们的销售额一定会增长，我们是在现有的条件下全力以赴进行工作的。

几周之后，老板为她所在的连锁店增加了一间侧厅。正如预计的那样，销售量迅速增长，老板对她的杰出业绩给予了高度评价。

主动和老板沟通

在诸多人才辈出的现代组织中，信守沉默是金者，无异于慢性自杀，而正确的工作态度和工作效果，充其量也只能让你维持现状，如果想真正地有所提高，必须主动与老板沟通。

积极跟老板讲话

阿尔伯特是美国金融界的知名人士。他初入金融界时，他的一些同学已在金融界内担任高职，也就是说他们已经成为老板的心腹。他们教给阿尔伯特的一个最重要的秘诀，就是千万要肯跟老板多交流。

话之所以如此说，就在于许多员工对老板有生疏及恐惧感。他们见了老板就噤若寒蝉，一举一动都不自然起来。就是工作上的述职，也可免则免，或拜托同事代为转述，或用书面报告的形式，以免受老板当面责怪的难堪。长此以往，员工与老板的隔膜肯定会愈来愈深。

然而，人与人之间的好感是要通过实际接触和语言沟通才能建立起来的。一个员工，只有主动跟老板面对面的接触，让自己真实地展现在老板面前，才能令老板直接地认识到自己的工作才能，才会有被赏识的机会。

在许多公司，特别是一些刚刚走上正轨或者有很多分支机构的公司里，老板必定要物色一些管理人员前去管理，此时，他选择的肯定是那些有潜在能力，且懂得主动与自己沟通的人，而绝不是那种只知一味勤奋，却怕事、不主动的员工。

因为两者比较之下，肯主动与老板沟通的员工，总能借沟通渠道，更快更好地领会老板的意图，把工作做得近乎完美。所以前者总深得老板欢心。

主动与老板沟通的人，应懂得主动争取每一个沟通机会。事实证明，很多与老板匆匆一遇的场合，可能决定着员工的未来。

比如，电梯间、走廊上、吃工作餐时，遇见你的老板，走过去向他问声好，或者和他谈几句工作上的事。千万不要像其他同事那样，极力避免让老板看见，仅仅与老板擦肩而过。能不失时机地表明你与老板兴趣相投，是再好不过了。老板怎会不欣赏那些与他兴趣相投的人呢？也许你大方、自信的形象，会在老板心中停留较长的一段时间。

善于跟老板交流

并不是说，只要你主动与老板沟通，就能得到老板的垂青。不同老板喜欢用不同方式去管理。主动与老板沟通时，须懂得自己的老板有哪些特别的沟通倾向，这对员工的沟通成功与否，至关重要。一般而言，以下是老板所欣赏的肯主动与老板沟通的员工：

沟通要让知识说话：对于日新月异的科技、变化迅猛的潮流，你都应保持应有的了解。广泛的知识面，可以支持自己的论点。你若知识浅陋，对老板的问题就无法做到有问必答，条理清楚。而当老板得不到准确的回答，时间长了，他对你就会失去信任和依赖。

在了解了老板的沟通倾向后，你需要调整自己的风格，使自己的沟通风格与老板的沟通倾向最大可能地吻合。有时候，这种调整是与你本人的天性相关的。但是员工如果能通过自我调整，主动有效地与老板沟通，创造与老板之间默契和谐的工作关系，无疑能使员工最大限度地获得老板的认可。

沟通要简洁：老板阶层的人有一个共同的特性，就是事多人忙，加上讲求效率，故而最不耐烦长篇大论、言不及义。因此；你要引起老板注意并很好地与老板进行沟通，应该学会的第一件事就是简洁。简洁最能表现你的才能。莎士比亚把简洁称之为智慧的灵魂。用简洁的语言、简洁的行为来与老板形成某种形式的短暂交流，常能达到事半功倍的良好效果。

简洁的前提是了解。老板不喜欢只顾陈述自己观点的员工。在相互交流之中，更重要的是了解老板的观点，不急于发表个人意见。以足够的耐心，去聆听对方的观点和想法，是最令老板满意的，因为这样的员工，才是老板希望的人选。

沟通要不卑不亢：虽然你所面对的是老板，但你也不要慌乱、不知所措。无可否认，老板喜欢你对他尊重。然而，不卑不亢这四个字是最能折服老板，最让他受用的。员工在沟通时尽量迁就老板，本无可厚非，但直白点讲，过分地迁就或吹捧，就会适得其反，让老板心里产生反感，反而妨碍了员工与老板的正常关系和感情的发展。员工若在言谈举止之间，都表现出不卑不亢的样子，从容对答。这样，老板会说员工有大将风度，是个可选之材。

在主动与老板沟通时，千万不要为标榜自己刻意贬低别人甚

至老板。这种褒己贬人的做法，最为老板所不屑。与人沟通，就是把自己先放在一边，突出老板的地位，然后再取得对方的尊重。当员工表达不满时，要记着一条原则，那就是所说的话对事不对人。不要只是指责对方做得如何不好，而要分析做出来的东西有哪些不足，这样沟通过后，老板才会对员工投以赏识的目光。在主动交流中，不争占上风，事事替别人着想，能从老板的角度思考问题，兼顾双方的利益。特别是在谈话时，不以针锋相对的形式令对方难堪，而能够充分理解对方。那么，你的沟通结果常会是皆大欢喜。

老板向你做出建设性的批评，你却搬出一大堆理由辩驳，将责任推到别人身上。这说明你胸襟不够宽广，不乐于接受别人的批评，处处设防。这会妨碍你与老板的沟通，甚至引起冲突。

每个人都必须服侍掌握你经济来源的老板，所以你不能让老板感到不安，你必须给予他荣耀。

每个人都有不安全感。当员工在世人面前展现自己，显露才华时很自然会激起各式各样的怨恨及嫉妒，这是可以想到的，但是你不可能一辈子都担忧别人琐碎的感受。然而，对于那位居员工之上的人，你必须采取不同的对应方式。如果想要获得生活和工作上的成功，抢老板的风头或许是最严重的错误。

有些人说吹嘘自己的天赋和才华可以赢得老板的喜爱——这是个致命然而却又普遍的误解。你的老板很可能会假装欣赏，等到一有机会他就会以聪明才智、吸引力及威胁性都比不上你的人取代你。

千万不要以为自己的地位是理所当然的，也千万不要让任何宠幸冲昏了头。了解到抢老板风头的危险后，你可以利用智慧转化这条法则，让它对你更适用。

如果你比老板聪慧，就要表现出相反的样子，让他看起来比你聪明干练。你可以故作天真，使自己表面上看起来更需要他的经验。

如果你的点子比老板的想法更富创意，尽可能以公开的姿态将这些点子划归他名下，让大家都看清楚，你的建议不过是对他的意见的回音。小心不要成为遮蔽他光华的那片乌云。因为他必须看起来是每个人围着打转的太阳，散发着权力与光辉，是众人注目的核心。

沟通要大胆提建议：为了避免出错而保持沉默的员工，最令老板感到不满；凡事都点头称是，一切都处理得妥妥当当的人，在老板的心目中，最多是个应声虫。因此，有时适时地提出一些大胆的建议，可以让员工的价位在老板心目中水涨船高。例如，员工可以提出如何开源的办法，并指出如何与节流相结合才能更有效。

没有什么比有助于老板的建议更令人欣赏的了。

如果你的老板某种处理事务的方式效率不高，而他本人并未觉察或不知如何改进的时候，如果你有好的主意，就应该果断地提出来，但要采取让老板感到能够接受的方式。

提出合理化的建议，更出色一点，就是让你的思维走在老板的前面。很多时候，你的效率也就是老板的效率。

当然，这是在你对老板已有足够了解的基础上，根据公司的实际情况做出的预计。具体做到这一点，你应尽量学习了解公司

的业务运作，为什么公司的业务会这样运作？公司的业务模式是什么？如何才能盈利？……同时，你还应该关注整个市场动态，分析总结竞争对手的错误症结，不要让思维固守在现有的桌面上。

以老板的心态对待公司

只要你还是某一机构中的一员，就应当投入自己的忠诚和责任心。一荣俱荣，一损俱损！将身心彻底融入公司，尽职尽责，处处为公司着想，对投资人承担风险的勇气报以钦佩，理解管理者的压力，那么任何一个老板都会视你为公司的栋梁。

在这样一个竞争的时代，谋求个人利益、自我实现是天经地义的。但是，遗憾的是很多人没有意识到个性解放、自我实现与忠诚和敬业并不是对立的，而是相辅相成、缺一不可的。许多年轻人以玩世不恭的姿态对待工作，他们频繁跳槽，觉得自己工作是在出卖劳动力；他们蔑视敬业精神，嘲讽忠诚，将其视为老板盘剥、愚弄员工的手段。他们说自己之所以工作，不过是迫于生计的需要。

贫穷是不好的，贫苦是不值得推介的，但并非所有的老板都是贪婪者、专横者，就像并非所有的人都是善良者一样。

对于老板而言，公司的生存和发展需要员工的敬业和服从；对于员工来说，需要的是丰厚的物质报酬和精神上的成就感。从表面上看，彼此之间存在着对立性，但是，在更高的层面，两者又是和谐统一的。公司需要忠诚和有能力的员工业务才能进行；

员工必须依赖公司的业务平台才能发挥自己的聪明才智。

为了自己的利益，每个老板只会保留那些最佳的职员，即那些能够"把信带给加西亚的人"，那些能够忠实地完成老板交付的任务而没有任何借口和抱怨的人。同样，也是为了自己的利益，每个员工都应该意识到自己与公司的利益是一致的，并且全力以赴努力去工作。只有这样，才能获得老板的信任，并最终获得自己的利益。

事关品行

许多公司在招聘员工时，除了能力以外，个人品行是最重要的评估标准。没有品行的人不能用，也不值得培养，因为他们根本无法"将信带给加西亚"。因此，如果你为一个人工作，如果他付给你薪水，那么你就应该真诚地、负责地为他干。称赞他、感激他，支持他的立场，和他所代表的机构站在一起。

也许你的老板是一个心胸狭隘的人，不能理解你的真诚，不珍惜你的忠心，那么也不要因此而产生抵触情绪，将自己与公司和老板对立起来。不要太在意老板对你的评价，他们也是有缺陷的普通人，也可能因为太主观而无法对你做出客观的判断，这个时候你应该学会自我肯定。只要你竭尽所能，做到问心无愧，你的能力一定会得到提高，你的经验一定会丰富起来，你的心胸就会变得更加开阔。

"老板是靠不住的！"这种说法也许并非没有道理，但是，这并不意味着老板和员工从本质上就是对立的。情感需要依靠理智才能保持稳定。老板和员工关系也只有建立在一种制度上才能

和谐统一。在一个管理制度健全的企业中，所有升迁都是凭借个人努力得来的。想摧毁一个组织的士气，最好的方式就是制造只有玩手段才能获得晋升的工作气氛。管理完善的公司升迁渠道通畅，有实力的人都有公平竞争的机会，只有这样，员工才会觉得自己是公司的主人，才会觉得自己与公司完全是一体的。

事关心态

员工和老板是否对立，既取决于员工的心态，也取决于老板的做法。聪明的老板会给员工公平的待遇，而员工也会以自己的忠诚予以回报。如果你是老板，一定会希望员工能和自己一样，将公司当成自己的事业，更加努力，更加勤奋，更加积极主动。因此，当你的老板向你提出这样的要求时，请不要拒绝他。

回顾一天的工作，扪心自问：我是否付出了全部精力和智慧？

以老板的心态对待公司，你就会成为一个值得信赖的人，一个老板乐于雇佣的人，一个可能成为老板得力助手的人。

更重要的是，你能心安理得地入眠，因为你清楚自己已全力以赴，已完成了自己所设定的目标。

一个将企业视为己有并尽职尽责完成工作的人，他会得到老板给他的最高奖赏。这样的奖赏可能不是今天、下星期甚至明年就会兑现，但他一定会得到奖赏，只不过表现的方式不同而已。当员工养成习惯，将公司的资产视为自己的资产一样爱护，你的老板和同事都会看在眼里。我相信，这样的员工在任何一家公司都是受欢迎的。

不要感慨自己的付出与受到的肯定和获得的报酬不成比例，

不要老是觉得自己得不到理想的工资，不能获得老板的赏识。这样的情绪是产生借口的温床。记得提醒自己：你是在自己的公司里为自己做事，你的产品就是你自己。

以老板的心态对待公司，这是许多大企业正在倡导的一种企业文化。试想一想，假设你是老板，你自己是那种你喜欢雇佣的员工吗？

比老板更积极主动地工作

应该在心中立下这样的信念和决心：从事工作，你必须不顾一切，尽你最大的努力。如果你对工作不忠实，不尽力，那将贬损自己，糟蹋自己。

两匹马各拉一辆大车。前面的一匹走得很好，而后面的一匹常常停下来。于是人们就把后面一辆车上的货挪到前面一辆车上去。等到后面那辆车上的东西都搬完了，后面那匹马便轻快地前进，并且对前面那匹马说："你辛苦吧，流汗吧，你越是努力干，人家越是要折磨你。"

来到车马店的时候，主人说："既然只用一匹马拉车，我养两匹马干吗？不如好好地喂养一匹，把另一匹马宰掉，总还能拿到一张皮吧。"于是，他便这样做了。

一个人工作时所具有的精神，不但对于工作的效率有很大关系，而且对于他本人的品格，也有重要影响。工作就是你人格的表现，你的工作就是你的志趣、理想，只要看到了你所做的工作，就如见其人了。

因此，在任何情形之下，你都不能对工作产生厌恶感，这是最坏的一件事。假使你为环境所迫，而只能做些乏味的工作，也应该努力设法从这乏味的工作中找出一些兴趣和意义来。要知道凡是应当做而又必须做的工作，总不可能是完全无意义的。问题全在于你对待工作的状态如何。良好的精神，会使任何工作都成为有意义、有兴趣的工作。

老板不在身边却更加卖力工作的人，将会获得更多奖赏。如果只有在别人注意时才有好的表现，那么你永远无法达到成功的顶峰。如果你对自己的期望比老板对员工的期许更高，那么你就无需担心会失去工作。同样，如果你能达成自己的最高标准，那么升迁晋级也将指日可待。

厚积薄发

那些被认为一夜成名的人，其实在功成名就之前，早已默默无闻地努力了很长一段时间。成功是努力的累积，不论任何行业，想攀上顶端，通常都需要漫长地努力和精心地规划。

如果想登上成功的最高阶梯，你得永远保持主动率先的精神，即使面对缺乏挑战或毫无乐趣的工作，最后也能获得回报。当你养成这种自动自发的习惯，你就有可能成为老板的可能。

那些成就大业的人和凡事得过且过的人之间最根本的区别在于，成功者懂得为自己的行为负责。没有人能促使你成功，也没有人能阻挠你达成自己的目标。

如果你的心中也有一匹偷懒的马，那么，赶紧将其驱除吧，小心它会将你拉进失败的陷阱。

如果你想取得像老板今天这样的成就，办法只有一个，那就是比老板更积极主动地工作。

与此恰恰相反，很多人说，公司是老板的，我只是替别人工作。工作得再多，再出色，得好处的还是老板，于我何益。存有这种想法的人很容易成为按钮式的员工，天天按部就班地工作，缺乏活力，有的甚至趁老板不在没完没了地打私人电话或无所事事地遐想。这种想法和做法无异于在浪费自己的生命和自毁前程。

英特尔总裁安迪·葛洛夫应邀对加州大学伯克利分校毕业生发表演讲的时候，提出以下的建议：不管你在哪里工作，都别把自己当成你——应该把公司看作自己开的一样。事业生涯除了自己之外，全天下没有人可以掌控，这是你自己的事业。你每天都必须和好几百万人竞争、不断提升自己的价值，增进自己的竞争优势以及学习新知识和适应环境；并且从转换中以及产业当中学得新的事物——虚心求教，这样你才不会成为某一次失业统计数据里头的一分子。而且千万要记住：从星期一开始就要启动这样的程序。

怎样才能够把自己当作公司老板的想法付诸行动呢？那就是要比老板更积极主动地工作，对自己所作所为的结果负起责任，并且持续不断地寻找解决问题的办法。照这样坚持下去，你的表现便能达到崭新的境界，为此你必须全力以赴。

不要说老板整天只是打打电话，喝喝咖啡而已。实际上，他们只要清醒着，头脑中就会思考着公司的行动方向。一天十几个小时的工作时间并不少见，所以不要吝惜自己的私人时间，一到

下班时间就率先冲出去的员工不会得到老板喜欢的，即使你的付出得不到什么回报，也不要斤斤计较。除了自己分内的工作之外，尽量找机会为公司做出更大的贡献，让公司觉得你物超所值。比如：下班之后还继续在工作岗位上努力，尽力寻找机会增加自己的价值，尽量彰显自己的重要性，使自己不在工作岗位上的时候，公司的运作显得很难进行。

任何工作都存在改进的可能，抢先在老板提出问题之前，已经把答案奉上的行动是最深得老板之心的，因为只有这样的员工才真正能减轻老板的精神负担。工作结果交到老板手上后，老板就不用再为此占用大脑空间，可以腾出来思考别的事情了。

事实上，能够做到这一点的人并不多。也许可以说，能长期有本事跟老板在工作上竞赛，而且有本事把对方击败的，也差不多可以够得上资格当老板了。

为此，要成为老板的心腹，即使不能每一次都比老板反应得快，但最低限度要有一半以上的次数不要让他比下去。老板在知道员工不是他的对手时，就很自然地会对员工信任起来，此所谓识英雄者重英雄。再棒的老板都需要有人才在身边的。

老板成功的原因就是一步步积累，从不满足。如果你想比他更出色，就应该时刻警告自己不要躺在安逸的床上睡懒觉，让自己每天都站在别人无法企及的位置上，这样机会很快会垂青于你。

能够做到比老板更积极主动工作的人并不多，如果你能成为其中一员，当然会有很大收获。

带着思考工作

每个老板都希望自己的员工能主动工作，带着思考工作。对于只会动一动发个指令，撬动按钮的电脑员工，没有人会欣赏，更没有老板愿意接受。职场中，这类只知机械完成工作的应声虫，老板会毫不犹豫地剔除在考虑之外。

对于老板而言，只有那些能准确掌握自己的指令，并主动加上本身的智慧和才干，把指令内容做得比预期还要好的人，才是他们真正要找的人。

这类员工从不说老板的指令神圣不可侵犯。当他们接到一项明确的任务后，如果他们在老板的指令之外，有另外一条更好的途径可走，他们会主动请示老板，积极改进。当其他员工像瞌睡虫一样盲目服从老板时，只要他们确定授权方向不对，就会运用他们的推理和说服力，晓之以情，动之以理，阐述自己的看法，绝不人云亦云。

一般而言，这类做法会给老板侵略性之感。但聪明的老板绝不会因此将他们拒之门外，仍然会将他们纳入所需之列。因为老板们完全相信：即使工作未按自己所设想的进行，但一定正被按一种更好的方法完成。

主动工作的员工是有能力担当企业经营重任的员工。这种气概就是自信、毅力和责任心的体现，这种气概会给企业带来不可估量的价值。

总像孩子般依赖别人，缺乏独立工作的能力。当老板征询意见时，员工不能提供肯定的立场和见解，或是支支吾吾，或干脆

不理不睬。这种不成熟的表现，难以让老板对员工放心地委以重任。

要养成独立思考的习惯，宁愿犯错也要大胆表达自己的见解。

用一颗克服恐惧的心去工作

在老板的工作日程表上，常会出现一些毫无新意的工作，由于这些工作无表现可言，所有人都不想做。但是工作总是要有人来做的。这时，如果你能摒弃避之犹恐不及的消极心态，主动请愿，甘愿做这项工作，结果会怎样呢？

琐事中孕育伟大的种子。事实上，这类工作往往比那些表面看起来华丽动人的工作，更有争取的价值，它更能展露员工的才华、勇气和积极热情的心。对于肯做肯干、不斤斤计较，懂得不让浅显和琐碎的问题烦扰老板的员工，老板往往会印象深刻。因为他可以依赖。

特别是在老板工作触礁，迫切需要帮助的时候，如果你能挺身而出，危难时刻施以援手，一肩挑起，一旦他的难题获得解决，你在他心目中的地位会更为重要。

不要让恐惧统治自己。在工作中，恐惧会不时出现在我们身边，它让很多人在挑战面前莫名其妙地退却，它能够摧毁你的意志，妨碍你更好地利用、把握时机。

可以说，对于任何人来讲，无论在事业的追求，还是处理人际关系上，恐惧都是走向成功的头号敌人。

在工作中，恐惧的理由有无数种，比如害怕犯错误，担心该做的工作做不好，觉得自己可能会被公司开除，害怕同事在老板面前打你的小报告等。这些恐惧想法在大脑中相互交叠，如同天空中密布的乌云一样，笼罩着你的工作，时时压迫着你的神经，使你变得神经兮兮、处事盲目，迷失在各种担忧和恐慌的纠缠之中。更糟糕的是，就算没有具体、实际或明显的理由，还是会感到莫名的恐惧。这些障碍不仅会让你的活力尽失，而且会让你不愿意在工作中冒任何风险。

乔治是保险公司的职员，他生来遇事便生恐惧。每做一件事情，他总是先想别人会怎么评价他。一想到别人会提出反对意见，会否定他的做法，他就不寒而栗，于是事情也就做不好了。他总想自己长相不好，没有亲和力，从而不敢与客户接触。更严重的是，老板无意中的一句冷语，一个漠然的表情，都令他感到失业的恐惧。结果，他的工作成绩总是不能让人满意，致使老板真的开始考虑他的去留问题。

毫无疑问，乔治是自我恐惧心理的牺牲品。恐惧会令人停滞不前，而且使人们的潜能无法正常地发挥。其实，这不是工作或社会环境为员工设下的壁垒，障碍就存在于员工自己心中，唯一令人恐惧的就是恐惧本身。

在工作中，你如果受到了恐惧的控制，那你就不可能有新成就。有一位哲学家说过，恐惧是意志的地牢，它跑进里面，躲藏起来，企图在里面隐居。恐惧带来迷信，而迷信是一把短剑，伪善者用它来刺杀灵魂！

所以，当恐惧的想法开始侵占你的思想领地的时候，你需要

转变思想，如同弃绝不良行为一样弃绝恐惧。

战胜恐惧的第一步，就是要鼓起勇气采取行动。一个伞兵教练曾说，跳伞本身真的很好玩，让人难受的只是"等待跳伞"的一刹那。在跳伞的人各就各位时，我让他们尽快度过这段时间。曾经不止一次，有人因幻想太多可能发生的事情而晕倒。如果不能鼓励他跳第二次，他就永远当不成伞兵了。跳伞的人拖得越久越害怕，就越没有信心。

同样，在做工作时，每个人心中都会或多或少的有些恐惧，但一名优秀的员工会鼓起勇气把恐惧转化为行动。行动能够平抚焦虑不安的情绪，提升人们的信心，在锻炼中不断战胜内心的恐惧。而若一味地等待、拖延，只会增强恐惧感，让你永远停滞不前。

当你接手一项你没有把握的工作时，你要记住一定要马上行动，不要犹豫。很多事情并不像你想的那样困难，你可能会很顺利地就做完了。即使第一次没做好，你也不要被恐惧吓倒，同样要积极地行动起来，你可以认真分析一下问题的症结所在，看看自己做的是否符合老板、部门和公司的要求，是否对公司很重要，如果你找不出解决问题的方法，可以与同事讨论或向老板请教，赢得他们的支持，然后再去做。如果工作确实有难度，你还可以将它细分成容易执行的小任务，各个击破，一步一步地完成。当你始终处于行动的状态时，你就不会感到恐惧的存在，它会慢慢地从你的身上溜走。当你圆满完成任务时，再回头看看，你会感到克服恐惧原来也很简单。

恐惧会让你固步自封，窝在自己的小城堡里不去尝试解决问题的各种方法，也不愿去迎接工作中的种种挑战，使你失去创造性。这时，你需要训练自己，在考虑如何完成工作时，把比较有创造性的想法列成清单，同时列出利与弊，分析它们之间的差异，然后挑选出最好的方法，用它去解决工作中的难题，这样你就会充满自信，控制住心中的恐惧，让自己变得更有行动力。

不要被挫折吓倒

你在工作中总会遇到各种大大小小的挫折。比如，你的想法得不到老板的支持，公司里有人阻挠你的工作，当你试图主动提案时，总是遭到失败等。这些是每个在职场上奋斗的人几乎都经历过的挫折，是很难避免的。解除这些挫折是不可能的，如何面对挫折，在挫折面前昂起头来，才是你应该好好思考的问题。

但很多人心理素质薄弱，意志力较差，经不起一点点的失败。在工作时，遇到挫折，就对自己失去了信心，说自己不行，一天到晚愁眉不展，怨天尤人，根本无法振作精神，即使有好的机会使问题出现转机，也会被这种情绪吓跑了。如果你这样一直消沉下去，到最后就会对自己越来越没信心，越来越失望。最后觉得自己一无是处，甚至破罐子破摔，自暴自弃。

一位大学刚刚毕业的新员工，因他提的建议被老板否定了，他就说老板不把他放在眼里。他与同事们关系处得不好，他觉得同事们都在排挤他，再也呆不下去了，想到了辞职。但由于所学专业是冷门，苦苦找了半年的工作都没找到理想的去处，就因承受不了这样的挫折，他最终自杀了，而准备录用他的公司得知后

则庆幸，幸好没有录用他，因为他经不起挫折。

这是一个悲剧，一个有才华的人就因这么一点点挫折而辞职、自杀，放弃了努力，放弃自己美好的人生，这实在让人觉得遗憾。

其实，面对挫折，与其黯然神伤，自怨自艾，倒不如乐观一点，马上把情绪调动起来，尽快恢复冷静，别老想着挫折，也不用因此就说将来无望，而要聚精会神地把握好现在，把所有的心思和知识都用到工作中去，凭自己的能力去解决尽可能多的问题。自己给自己信心，给自己建立信心的机会。

当你的提案遭到老板否定时，你可以检视自己哪一方面存在问题，以后有想法时，先与老板讨论是否可行，然后正式拿出企划提案，以免徒劳无功；当你的工作得不到老板支持时，你要想到这一点，能让老板支持你想做的一切，是少之又少的，只有不断地通过行动证明自己，才能取得老板的支持；当同事对你的错误提出反对和怀疑时，你应该从错误中学习，将他们的建议列入工作计划中，将他们的忧虑尽量减至最少；当你感觉技能不够，工作很吃力时，你要自己想办法去提高，只有自己准备好，你才能承担更多的责任与挑战。

当然，每个人都很难一下子就抛弃挫折感，很快从苦恼中走出来。这时候，你可以记下自己的烦恼与不安，然后再慢慢思考，寻求解决之道。

美国著名的玉米大王史坦雷先生在16岁的时候只是一家五金公司的收银员。他每天都卖力地工作，希望能通过自己脚踏实地的工作步步高升。他做起事来，永远都抱着学习的态度，处处小心留意，一心想把工作做得最好。他希望以此能获得经理的信任，提升他为推销员，可他万万没想到经理对他的印象很坏。

有一天，他被叫进经理室遭到了一顿斥责，经理说："老实说，你这种人根本不配做生意，我这里用不着你了。"

这一番话，对于当时的史坦雷来说，无异于平地响雷，他想不到自己的努力会得到这样的结果。一个年轻气盛的人，踏入社会不久便遭到这样的挫折，换了谁也受不了，可能换作其他员工，早就气得暴跳如雷，从此消极工作了。

但史坦雷却平静地对经理说："你说我无用，这是你的自由，但这并不减损我丝毫的能力，无法磨灭我的意志，看着吧！迟早我要开一家公司，规模比你这里的大10倍。"

史坦雷从挫折中走了出来，并借着这一次挫折的激励，努力上进。几年后，果然就有了惊人的成就。

学着用一颗上进的心去面对工作中的挫折吧，它能很快调整你的心态，充分调动你的精神，战胜挫折。

敢于担当责任

负责任、尽义务是成熟的标志。我们努力教育孩子成长为负责任的人，就是在帮助他们走向成熟。詹姆斯·麦迪逊独具慧眼，在《联邦主义者文集》第63节中给责任作了明确的界定：责任必须限定在责任承担者的能力范围之内才合乎情理，而且必须与这种能力的有效运用程度相关。不成熟的人还不能完全具有承担责任的能力。

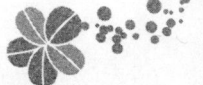

这是一个不言自明的道理：世上的事都是由某些人去做的，这些人有能力去完成它。我们必须独自承担或与他人共同承担的责任，依社会结构和政治体制而变更，但唯有一点不会改变：越是成熟，责任越重。伊甸园中的亚当被发现偷吃禁果之后，把责任推给了夏娃，这是不成熟的表现。夏娃随之又开罪于骗人的毒蛇，这也是欠成熟之举。当兄弟或伙伴们被叫到一起承认错误时，是他（她）叫我干的就成为亘古不变的托词。

事情还远不止于此。这种无意中流露出的不成熟通常会延续到成年时代。在华盛顿，政客们都习惯于用"发生了错误"这种被动语态来逃避谴责。对于责任，谁也没有主动去承担，而对于获益颇丰的好事，邀功领赏者不乏其人，尽管许多从事公益事业的人们都熟知一句格言：只要你并不关心谁将受赏，做好事将永无止境。

归根结底，我们要为塑造自我而负责。这种说法甚至也不够准确，因为我们不可能永远不变。亚里士多德特别强调，我们怎样定义自己，我们就成为怎样的人。英国哲学家玛丽·麦金莱在《人与兽》中指出，存在主义最精辟最核心的观点就是把承担责任作为自我塑造的主旨，抛弃虚伪的借口。

19世纪存在主义鼻祖之一索伦·克尔凯郭尔感叹芸芸众生中责任感的丧失，在《作者本人对自己作品的看法》这本书中，他写道，群体的含义等同于伪善，因为它使个人彻底地顽固不化和不负责任，至少削弱了人的责任感，使之荡然无存。圣·奥古斯丁在他的《忏悔录》中把这种屈服于同辈压力的弱化的责任感作为对青年时代破坏行为进行反思的主要内容。这全是因为当别人说"来呀，一起干吧！"的时候，我们羞于后退。奥古斯丁和亚里士多德及存在主义者都坚持说人们应对自己的行为负责。缺乏责任感并不能否认责任存在的事实。

负责任的人是成熟的人，他们对自己的言行负责，他们把握自己的行为，做自我的主宰。每一个成熟的企业，都应该教育自己的员工增强责任感，就像培养他们其他优良品质一样。

要将责任感根植于内心，让它成为我们脑海中一种强烈的意识，在日常行为和工作中，这种责任意识会让我们表现得更加卓越。我们经常可以见到这样的员工，他们在谈到自己的公司时，使用的代名词通常都是他们而不是我们，他们业务部怎么怎么样，他们财务部怎么怎么样，这是一种缺乏责任感的典型表现，这样的员工至少没有一种"我们就是整个机构"的认同感。

勇于承担责任

有一个替人割草的男孩打电话给布朗太太说："您需不需要割草？"布朗太太回答说："不需要了，我已有了割草工。"男孩又说："我会帮您拔掉草丛中的杂草。"布朗太太回答，"我的割草工已经做了。"男孩又说，"我会帮您把草与走道的四周割齐。"布朗太太说，"我请的那人也已经做了，谢谢你，我不需要新的割草工人。"男孩便挂了电话。此时男孩的室友问他说："你不是就在布朗太太那儿割草打工吗？为什么还要打这个电话？"男孩说，"我只是想知道我究竟做得好不好！"

多问自己我做得如何，这就是责任。

还有一个美国作家的例子。有一次，一个小伙子向一位作家

自荐，想做他的抄写员。小伙子看起来对抄写工作是完全胜任的。条件谈妥之后，他就让那个小伙子坐下来开始工作，但是小伙子却朝外边看了看教堂上的钟，然后心急火燎地对他说："我现在不能呆在这里，我要去吃饭。"于是作家说："噢，你必须去吃饭，你必须去？你就一直为了今天你等着去吃的那顿饭祈祷吧，我们两个永远都不可能在一起工作了。"作家说那个小伙子曾对他说过，自己因为得不到雇佣而感到特别沮丧，但是当他有了一点点起色的时候却只想着提前去吃饭，而把自己说过的话和应承担的责任忘得一干二净。

工作就意味着责任。在这个世界上，没有不需承担责任的工作，相反，你的职位越高、权力越大，你肩负的责任就越重。不要害怕承担责任，要立下决心，你一定可以承担任何正常职业生涯中的责任，你一定可以比前人完成得更出色。

世界上最愚蠢的事情就是推卸眼前的责任，说等到以后准备好了、条件成熟了再去承担。在需要你承担重大责任的时候，马上就去承担它，这就是最好的准备。如果不习惯这样去做，即使等到条件成熟了以后，你也不可能承担起重大的责任，你也不可能做好任何重要的事情。

不要推卸责任

每个人都肩负着责任，对工作、家庭、亲人、朋友，我们都有一定的责任，正因为存在这样或那样的责任，才能对自己的行为有所约束。事实上，人通常比自己认定的更好。当他改变自己心意的时候，并不需要去增进他所拥有的技能。他只需要把已有的技能与天赋运用出来就行。这样，他才能够不断地树立起责任心。

我们在一些功夫片中常能看见一些敢作敢为的大丈夫，这些人最能获得江湖豪杰的钦佩。

现在，在企业里，老板越来越需要那些敢作敢当，勇于承担责任的员工。因为在现代社会里，责任感是很重要的，不论对于家庭、公司、社交圈子，都是如此。它意味着专注和忠诚。

"我警告我们公司的人，"美国塞文事务机器公司前董事长保罗·查来普说，"如果有谁说：'那不是我的错，那是他（其他的同事）的责任'，被我听到的话，我就开除他，因为说这话的人显然对我们公司没有足够兴趣——如果你愿意站在那儿，眼睁睁地看着一个醉鬼坐进车子里去开车，或任何一个没有穿救生衣、只有2岁大的小孩单独在码头边上玩耍，好吧！可是我不容许你这样做的。你必须跑过去保护那2岁的小孩才行。"

同样地，不论是不是员工的责任，只要关系到公司的利益，员工都该毫不犹豫地加以维护。因为，如果一个员工想要得到提升，任何一件事都是他的责任。如果员工想使老板相信你是个可造之才，最好、最快的方法，莫过于积极寻找并抓牢促进公司利益的机会，哪怕不关你的责任，你也要这么做。

由此可见，老板心目中的员工，个个都应是负责的人。只有主动对自己的行为负责、对公司和老板负责、对客户负责的人，才是老板心目中好的公司员工。

如果员工推卸责任，老板也许会因为员工尚有其他长处可用，不愿当众揭穿推卸责任的行为，但在老板的心目中，早已判断你

是一个并不可靠的人。

不要推卸责任。在日常工作中，每个人都难免出现失误，当问题发生后，只知道一味地怪罪别人，就是不负责任的表现。

你可能也是这样做的，当老板指责你工作中的错误时，你会马上找出许多借口为自己辩解，并且说得振振有词，头头是道，"别人不采纳我的意见，我是按照公司的要求做的"等，你以为这些借口能为自己的错误开脱，能把责任推个一干二净，但事实上并非如此。也可能老板会原谅你一次，但他心中一定会感到不快，并会对你产生怕负责任的不良印象。你这样做，不但无法改善现状，所产生的负面影响还会让情况更加恶化。如果以后出现问题，你还是能推就推，能躲就躲，令老板无法信赖，那么你的前途就岌岌可危了，可能离另谋高就的日子不太远了。

在其位，谋其政

英国大都会总裁谢巴尔德在位时有一句名言：要么奉献，要么滚蛋。他强调，在其位，谋其政，不要找任何借口说自己不能够，办不到。他要求他的员工在他面前不能因干不好工作而找理由推脱责任。一次，一个员工为了一件极难办的事找他，说自己尽力了，并说出许多客观理由，最后说无论怎样，这件事都办不到。谢巴尔德听后觉得这个员工就是怕得罪人，牺牲自己的利益，于是就轻声对他说："够了，够了，现在我需要的不是这些好理由，而是要你仍旧照我的命令去做，否则，你就别做这个部门的经理。"

谢巴尔德的做法很正确，他就是要让员工明白，对于自己应该承担的责任就该负责，而不能随便找个理由推脱，这样才是一个称职的员工。

　　每个人都不希望在工作中出现失误，但是人非圣贤，孰能无过，人不可能不犯错误。如果在有错误发生时，其中的部分原因是因自己而起，就应该努力承担，并弥补错误，这样可以给人一种负责任的印象，有利于建立良好的人际关系，反之则会破坏与同事和老板的关系，使自己的工作陷入无助的境地。

　　员工对待错误的态度可以直接反映出他的敬业精神和道德品行，是自己的责任就要一肩挑，一定不能推脱，否则就会失去老板对员工的信赖，看低员工的道德品行，老板如果这样看待员工，就不会再对该员工委以重任。

　　要想赢得别人的信任，成为一个敢于负责任的人，就必须改掉推脱责任的坏习惯。犯了错误需要解释时，员工自己首先要反省，我的理由是不是客观事实，真实可信？是不是只是想用来掩饰自己的错误？然后回头看看自己的行为，如果自己确实有错误的地方，就应该勇敢地承担责任，诚恳地承认错误，并且要改正自己的行为，积极地寻求补救的办法。

　　这种对自己的严格检查，可能刚开始时有些困难，但是你要相信，只有勇于承担责任的人，才有可能成就大事业。

　　还有一点值得注意，如果错误确实不是由于自己的过失造成的，那你也不要急于替自己辩解，而应着眼于整个公司的利益，等事情得到妥善的处理后，事情的真相自然会浮出水面。如果你确实被误会了，你的老板也自然会在事实中看到，还你一个清白。

　　聪明的员工，要勇于承担起自己职责范围内的责任，积极地寻找并把握谋求公司利益的机会。也只有这种员工，才是老板心

目中值得栽培的人才。

有了问题，特别是难以解决的问题，可能让你懊恼万分。这时候，有一个基本原则可循，而且永远适用。这个原则非常简单，就是永远不放弃，永远不为自己找借口。

责任感是工作态度

美国成功学家格兰特纳说过这样一段话：如果员工有自己系鞋带的能力，员工就有上天摘星的机会！员工对待生活、工作的态度是决定他能否做好事情的关键。首先改变一下自己的心态，这是最重要的。很多人在工作中寻找各种各样的借口来为遇到的问题开脱，并且养成了习惯，这是很危险的。

在我们日常生活中，常听到这样一些借口：上班晚了，会用路上堵车，手表停了的借口；考试不及格，会用出题太偏，题量太大的借口；做生意赔了本有借口；工作、学习落后了也有借口……只要有心去找，借口总是有的。

久而久之，就会形成这样一种局面：每个人都努力寻找借口来掩盖自己的过失，推卸自己本应承担的责任。

我们经常听到的借口主要有以下几种类型：

他们做决定时根本不理我说的话，所以这个不应当是我的责任（不愿承担责任）。

这几个星期我很忙，我尽快做（拖延）。

我们以前从没那么做过，或这不是我们这里的做事方式（缺乏创新精神）。

我从没受过适当的培训来干这项工作（不称职、缺少责任感）。

我们从没想赶上竞争对手，在许多方面他们都超出我们一大截（悲观态度）。

不愿承担责任，拖延、缺乏创新精神，不称职、缺少责任感，悲观态度。看看吧，那些看似冠冕堂皇的借口背后隐藏着多么可怕的东西啊！

员工要经常问自己，你热爱目前的工作吗？在周一早上是否和周五早上一样精神振奋？你和同事、朋友之间相处融洽吗？他们是你一起工作、一起游乐的伙伴吗？你对收入满意吗？你敬佩老板和理解公司的企业文化吗？你每晚是否带着满足的成就感下班回家，又同时热切地准备迎接新的一天、新的挑战、新的刺激以及各种不同的新事物？你是否对公司的产品和服务引以为豪？你觉得工作稳定、受器重又有升迁的机会吗？你个人的生活如何，圆满吗？只要你对以上任何一个问题，回答中有一个"是"，我就要告诉你，你"可以"热爱你的工作（就像当年我对那些前来求助的朋友所作的建议一样）。这是第一步。你可以把日子过得新奇而惬意，因为生活充满各种机会和选择。但是，你绝对没有时间尝试所有新鲜刺激的事。因此要满足你的愿望，我们得先从你开始。你一定要先了解自己的特点、长处，以及有哪些事是你能轻松自如就做得利落漂亮的。但记住，你不必为了做到这一点再回到学校去，或者生活上做剧烈的变动，如辞职甚至卷铺盖走人。符合内心需求的工作就是最合适的工作。需求是一种力量、一种渴望、一种热情。

你可能自觉地或不自觉地意识到它的存在。每个人的生命都有这么一道中心轨迹，循着这道轨迹走你就会满足。需求会随着

年龄的增长而改变，年轻时，追求的可能是光荣、显耀的日子，独立，或者在一个彼此毫无芥蒂、能够集思广益的团队里工作。然而，目前的工作不能提供这些条件，你只好在周末和朋友尽情玩乐纵酒以弥补心灵的空虚。可是这种方法往往是无效的。到了周一，你又会像个泄了气的皮球。我们虽然与西点军校不同，但我们始终要有敢担负任何重任的决心和勇气。尤其在年轻时，求知和塑造是自己的时期，自己要学会给自己加码，始终以行动为见证，而不是编织一些花言巧语为自己开脱。我们无需任何借口，哪里有困难，哪里有需要，我们就当义无反顾。

出现问题不是积极、主动地加以解决，而是千方百计地寻找借口，致使工作无绩效，业务荒废。借口变成了一面挡箭牌，事情一旦办砸了，就能找出一些冠冕堂皇的借口，以换得他人的理解和原谅。找到借口的好处是能把自己的过失掩盖掉，心理上得到暂时的平衡。但长此以往，因为有各种各样的借口可找，人就会疏于努力，不再想方设法争取成功，而把大量时间和精力放在如何寻找一个合适的借口上。

任何借口都是推卸责任。在责任和借口之间，选择责任还是选择借口，体现了你的生活和工作态度。

保持一颗积极、绝不轻易放弃的心，尽量发掘你周遭人或事物最好的一面，从中寻求正面的看法，让自己能有向前走的力量。即使终究还是失败了，也能汲取教训，把这次的失败视为朝向目标前进的踏脚石，而不要让借口成为你成功路上的绊脚石。

当你为自己寻找借口的时候，你也许会愿意听听这个故事：

时间是一个漆黑、凉爽的夜晚，地点是墨西哥市，坦桑尼亚的奥运马拉松选手艾克瓦里吃力地跑进了奥运会体育场，他是最后一名抵达终点的选手。

这场比赛的优胜者早就领了奖杯，庆祝胜利的典礼也早就已经结束，因此艾克瓦里孤零零地抵达体育场时，整个体育场已经空无一人。艾克瓦里的双腿沾满血污，绑着绷带，他努力地跑完体育场一圈，到达了终点。在体育场的一个角落，享誉国际的纪录片制作人格林斯潘远远看着这一切。接着，在好奇心的驱使下，格林斯潘走了过去，问艾克瓦里为什么要这么吃力地跑至终点。

这位来自坦桑尼亚的年轻人轻声地回答说："我的国家从两万多公里之外送我来这里，不是叫我在这场比赛中起跑的，而是派我来完成这场比赛的。"

没有任何抱怨，职责就是他一切行动的准则。这看似冷漠，缺乏人情味，但它却可以激发员工最大的潜能。无论员工是谁，在人生中，失败了也罢，做错了也罢，推卸责任对于事情本身也没有丝毫的用处。

不要轻视自己的工作

不要轻视自己的工作。如果仅用世俗的标准来衡量你的工作，说工作仅仅是为了面包，那么你工作的价值也未免太低俗了。人生的追求不仅仅只有满足生存的需要，还有更高层次的需求，有更高层次的动力驱使。对工作的认识达到这一境界，你就会投注足够的重视和十二万分的热情，成功才会尾随而至，而你也就会成为老板们竞相聘请的对象。

有一位年轻英俊的清洁工，他每天早晨拉着垃圾车经过我家楼下时，都会晃动他手上的摇铃。当我提着垃圾袋走向他时，他总是微笑着在垃圾车旁，优雅地做个请的姿势，就像在说"欢迎光临"。

我不知道他的名字，只知道他正值青春年华。原先他在省城一家宾馆里当迎宾先生，后来因为老父病重，便回老家照顾病人，同时兼做了一名清洁工。

在与垃圾打交道中，他总能抱着一颗感激的心，因为有事做是最重要的。我被他优雅、自信、有礼的言行所感动，每次倒垃圾时，我都不忘说声"谢谢"。对此，他很激动。他说他永远不会看轻自己，但仍然在乎别人的尊重与肯定。

他把劳动两个字演绎得尊贵无比。

一天见他一次，真是三生有幸。因为，他不仅帮我们带走了生活垃圾，也净化了我们日渐蒙尘的内心。

世界上有无数伟人才能平平，却靠着他们良好的态度，能做到处事顺利、事业有成，一个粗俗不堪或态度恶劣的人，必然会给人留下很不好的印象。种下什么才能收获什么，种了瓜是不会收获豆的。

而要达到这一境界，就必须学会从内部去观察，才能看到工作真正的本质。有些工作只从表面看，也许索然无味，一旦深入其中，员工就会认识到其不同凡响的意义。因此，当老板交付员工一项极平凡、极低微的工作时，员工可试着从工作本身去理解它、认识它、看待它。当员工从它的平凡表象中，洞悉其中不平凡的本质后，员工就会从平庸卑微的境况中解脱出来，不再有劳碌辛苦的感觉，厌恶的感觉也自然烟消云散。当员工圆满完成这些平凡低微的工作后，员工自然就超越了其他同事，迈出了成功的第一步，引起了老板的注意。

马克曾是美国阿穆尔肥料厂一名速记员。尽管他的上司和同事均养成了偷懒的恶习，马克仍保持认真做事的良好习惯，重视每一项工作。

一天，上司让马克替自己编一本阿穆尔先生前往欧洲用的密码电报书。马克不像同事那样，随意地编几张纸完事。而是编成一本小巧的书，用电脑很清楚地打出来，然后又仔细装订好。做好之后，上司便交给阿穆尔先生。

"这大概不是你做的。"阿穆尔先生问。

"呃——不……是……"上司颤栗地回答，阿穆尔先生沉默了许久。

过了几天之后，马克代替了以前上司的职位。

不要轻视自己所做的每一项工作，即便是最普通的工作，每一件事都值得你去做，值得你全力以赴，尽职尽责，认真地完成。小任务顺利完成，有利于你对大任务的成功把握。一步一个脚印地向上攀登，便不会轻易跌落。通过认真工作你就不会再有劳碌辛苦的感觉，而获得老板认可的秘诀，就蕴藏在其中。

工作本身并没有贵贱之分，但是对于工作的态度却有高低之别。在老板看来，评价一个员工的优劣，看一个员工是否能做好工作，只要看他对待工作的态度足矣。员工所做的工作，是他人生态度的表现，一生的事业就是他志向的表示、理想的所在。所以，

第二章　提高自主经营的能力

了解员工的工作态度，在某种程度上就是了解了员工这个人。

所有的老板都说，一个不重视自己工作的员工，他绝不可能尊敬自己；一个不认真对待工作，视工作为低下卑贱及粗劣代名词的员工，他的工作肯定做不好。与此相应，如果员工轻视自己的工作，那么，老板也必然会因此而轻视员工的品质，以及员工的低劣的工作业绩。

作为员工，不要幼稚地以为你对工作的轻视目光，会瞒得过老板的视线。老板们或许并不了解每个员工的表现，熟知每一份工作的细节，但是一位聪明而精明的老板很清楚员工轻视工作带来的结果是什么，从而明智地根据员工的认真程度，来设定员工的未来。可以肯定的是，老板的赞许和赏识，绝不会落在手持工作耸肩撇嘴的员工身上。

奎尔是一家汽车修理厂的修理工，从进厂的第一天起，他就开始喋喋不休地抱怨，什么修理这活太脏了，瞧瞧我身上弄的。什么真累呀，我简直要讨厌死这份工作了。凭我的本事，做修理这活太丢人了！

每天，奎尔都是在抱怨和不满的心情中度过。他说自己在受煎熬，在像奴隶一样出苦力。因此，奎尔每时每刻都窥视着师傅的眼神、举动，稍有空隙，他便偷懒耍滑，应付手中的工作。

几年过去了，当时与奎尔一同进厂的三个工友，各自凭着自己的手艺，或另谋高就，或被公司送进大学进修了，独有奎尔，仍旧在抱怨声中，做他蔑视的修理工。

由此可见，无论你正在从事什么样的工作，要想获得成功，就不要轻视自己的工作。如果你也像奎尔那样，说自己的劳动是卑贱的，鄙视、厌恶自己的工作，对它投以冷淡的目光，那么，即使你正从事最不平凡的工作，你也不会有所成就。

罗马一位演说家说，所有手工劳动都是卑贱的职业。从此，罗马的辉煌历史就成了过眼云烟。令人惋惜的是，尽管历史给予人们如此深刻的警示，现代职场中，仍有许许多多的你，说自己所从事的工作是低人一等的。轻视自己正从事的工作，把工作视为衣食住行的供给者，视为不能避免的劳动。

这一现象，在一些刚走出校园的年轻人身上尤为突出。他们总对自己抱有很高的期望值，以自己的学识和才干，应该从事某些体面的工作，并得到重视。但事实上，刚刚踏入社会的年轻人，由于缺乏工作经验，无法被委以重任，工作自然也不是他们所想象的那样体面。于是他们就有了许多怨言，蔑视自己的工作。对现有的工作，不能投入全部力量，敷衍塞责，得过且过，将工作做得粗陋不堪。而将大部分心思用在如何摆脱现在的工作环境上了。

结果，不甘平庸的年轻人，因为轻视自己的工作，再也无法走出平庸的工作模式。原来轻视工作的想法已把他们卓越的才华和创造性的智慧，悉数吞噬。而一个轻视自己工作，失去慧眼的员工，对于老板是没有任何价值的。

不要忽视工作中的小事

凯斯特是一家公司的采购部经理。一天，他看到公司定制的圆珠笔、复印纸异常精美，便不断地拿些回去，给他上学的女儿使用。这些东西被女儿的老师看见了，而该老师的丈夫，恰好正是与这家公司有业务往来的高级主管。

该高级主管了解这件事后，说道："这家公司的风气太坏了，公司的员工只想着自己而不是公司！这样的公司怎么能有诚意做好生意呢？"于是，他中止了与该公司的合作计划。

谁会想到计划的中断，竟是由一些复印纸造成的呢！

因此，不因善小而不为，不因恶小而为之。工作中许多不良习惯，哪怕它如芥粒，非常之小，其所造成的危害，常比你想象的要严重得多。对于员工来讲，这些看似微不足道，不足以影响大局的小毛病，还常常决定他本人的前途命运。理智的老板，常会从细微之处观察员工、评判员工。比如，站在老板的立场上，一个缺乏时间观念的员工，不可能约束自己勤奋工作；一个自以为是、目中无人的员工，在工作中无法与别人合作沟通；一个做事有始无终的员工，他的做事效率实在令人怀疑……一旦员工因这些小小的不良习惯，给老板留下这些印象，员工的发展道路就会越走越封闭。员工对老板而言，已不再是可用之人。

做事有始无终。许多人有一种把工作做了一会儿，就放在一边的习惯。而且他们充分相信，他们似乎已经完成了此项工作。

事实果真如此吗？员工这样做，犹如足球运动员在临门一脚的刹那收回了脚，前功尽弃，白白浪费力气。

对一位积极进取的员工来说，有始无终的工作恶习，最具破坏性，也最具危险性。它会吞噬员工的进取之心，它会使员工与成功失之交臂。这不得不说是一个巨大的遗憾。

而员工一旦养成了有始无终、半途而废的坏习惯，他永远不可能出色完成任何任务。这时他也许会运用一些小伎俩来蒙混过关，欺骗老板。可惜，重过程更重结果的老板很少会受欺骗。

如果员工有能力，业绩却远落于他人，不要疑惑，不要抱怨，问问自己是否把工作进行到底，如果答案是否定的，这就是员工无法取胜的原因。对于任何一件工作，要么干脆别动手，要么就有始有终，彻底完成。有一句话说的好，笑到最后的，才是最美的。

有些习惯看似微不足道，实则十分重要。不加注意，就会使员工的努力付之东流。

老板们欣赏能做好自己工作的人。能够做好自己的工作，是成功的第一要素。

从来没有什么时候，老板像现在这样，青睐能做好自己工作的员工，并给予他们如此多的机会。各行各业，人类活动的每一个领域，无不在呼唤能自主做好手中工作的员工。齐格勒说，如果员工能够尽到自己的本分，尽力完成自己应该做的事情，那么总有一天，员工能够随心所欲从事自己想要做的事情。反之，如果员工凡事得过且过，从不努力把自己的工作做好，那么员工永远无法达到成功的顶峰。对这种类型的人，任何老板都会毫不犹豫地排斥在他的选择之外。

现代职场中，认真做好自己的工作的人和凡事得过且过的人之间，最根本的区别在于，前者懂得为自己的行为结果负责。这种工作态度常能感化铁石心肠的老板。而后者在工作中却常抱有这样一些想法：

·我今天终于完成了我的工作；

·速度要快，质量在其次，差不多就行了；

· 现在的工作只是跳板，不需要我认真对待；

· 我的工作能够得到他人的帮助就好了。

员工一旦被这些想法控制，不管他的工作条件多么好，交付他的工作多么简单，也很难全心全意投入工作，圆满做好自己的工作。对这种员工，老板会时刻准备辞掉他。

了解工作范围

其实，做好手中的工作，成为职场中出类拔萃的一员并不难。首先员工要尽快了解自己的工作范围，熟悉公司的一切，对公司有个全局认识。其中包括公司目标、使命、组织结构、销售方式、经营方针、工作作风……尽量使自己能像老板一样了解所在公司。熟悉公司的一切是做好本职工作的基础，打下这个基础可以使员工的工作干得更出色，甚至超出老板的期望。这样，假以时日，员工的处境准会有转机。

从另一方面讲，主动努力了解公司的一切，可表现出员工愿意接受公司的企业文化，愿意融入这个群体，而不是做一个匆匆过客。能够给老板留下这种印象，对于一个渴望成功的员工来说非常重要。

了解了企业文化，接下来员工就要像海绵一样，拼命吸收所在行业中的各种知识。在员工的本行业里，全面性地花时间去学习，持续不断地自我成长，专精于自己所从事的领域，并竭尽所能地了解专业领域的最新动向和知识。只有这样，员工才能迎接变革的需求，圆满完成老板交付的工作。

人生有涯，而知识无涯。不管员工有多能干，员工曾经把工作完成得多么出色，如果员工一味沉溺在对昔日表现的自满当中，学习便会受到阻碍。要是没有终生学习的心态，不断追寻各个领域的新知识以及不断开发自己的创造力，员工终将丧失自己的生存能力。因为，现在的职场对于缺乏学习意愿的员工很是无情。员工一旦拒绝学习，就会迅速贬值，所谓不进则退。转眼之间就被抛在后面，被公司淘汰。

埃里克·霍弗深信，在瞬息万变的世界里，唯有虚心学习的人才能掌握未来。自说学识广博的人往往只会停滞不前，结果所具备的技能没有多久就成了不合时宜的老古董。

所以，不管员工曾有过怎样的辉煌，员工都得对职业生涯的成长，不断投注心力，学习、学习、再学习，千万不要自我膨胀到目中无人的地步，要开放心胸接受智者的指点。及时了解自己亟待加强的地方，时时保持警觉，更好地发挥自己的才能，让自己的工作随时保持在巅峰状态。

总而言之，当员工在充分了解公司一切的基础上，不断地自我充实，终生学习，员工就能不断地茁壮成长。而唯有不断地成长，员工才能够成为一名专业人士，成为老板眼中最具价值的员工。

工作力求做得最好

追求完美会让我们工作起来疲于奔命，似乎永远看不到最终的目标。可是它对职场中的人来说很重要，自我满足就意味着停滞不前，一旦员工自以为工作做得很出色了，那么他就会固步自封，难以突破自我，慢慢地他就会逐渐找不到自己的位置。

要想做职场上的常胜将军，秘诀只有一条，那就是随时思考改进自己的工作。我们现在所处的时代已经不是那个只要肯出力就能做好工作的时代了。公司聘用员工来做好工作，但更重要的是，聘用员工随时可以思考，运用员工的判断力，以组织利益为前提采取行动。所以，职场人士要时刻提醒自己，任何工作都有百尺竿头，更进一步的可能。

成功的职场人士都喜欢问自己"怎么样才能做得更好？"具有这样的问题意识，自然能够了解自己周围所欠缺的、不足的还有很多，这些可能正是公司今后的策略和发展方向。

看起来质疑自己的工作并不难，但大多数员工并没有这样做。一位老板在他的回忆录上这样写道：

事实上往往有些员工接到指令后就去执行，他需要老板具体而细致地说明每一个项目，完全不去思考任务本身的意义，以及可以发展到什么程度。我说这种员工是不会有出息的。因为他们不知道思考能力对于人的发展是多么重要。

不思进取的人自接到指令的那一刻开始，就感到厌倦，他们不愿花半点脑筋，最好是能像电脑一样，输入了程序就不用思考把工作完成。

所以，不断思考改进是员工必须要做的事。

在员工对既有工作流程寻求改变以前，必须先努力了解既有的工作流程，以及这样做的原因。然后质疑既有的工作方法，想一想能不能做进一步改善。

培养自己一丝不苟的工作作风。那种说小事可以被忽略或置之不理的想法，正是员工做事不能善始善终的根源，它直接导致工作中漏洞百出。

员工成功与否在于他是否做什么都力求最好，成功者无论从事什么工作，他都绝对不会轻率疏忽。因此，在工作中就应该以最高的规格要求自己。能做到最好，就必须做到最好。这样，对于老板来说，员工才是有价值的员工。

有个刚刚进入公司的年轻人自说专业能力很强，但对待工作很随意。有一天，他的老板直接交给他一项任务，为一家知名企业做一个广告策划方案。这个年轻人见是老板亲自交代的，不敢怠慢，认认真真地搞了半个月。半个月后，他拿着这个方案，走进了老板的办公室，恭恭敬敬地放在老板的桌子上。谁知，老板看都没看，只说了一句话："这是你能做的最好的方案吗？"年轻人一怔，没敢回答，老板轻轻地把方案推给年轻人。年轻人什么也没说拿起方案，走回自己的办公室。年轻人苦思冥想了好几天，修改后交上，老板还是那句话："这是你能做的最好的方案吗？"年轻人心中忐忑不安，不敢给予肯定的答复。于是老板还是让他拿回去修改。

这样反复了四五次，最后一次的时候，年轻人信心百倍地说："是的，我说这是最好的方案。"老板微笑着说："好！这个方案批准通过。"

有了这次经历，年轻人明白了一个道理：只有持续不断地改进，工作才能做好。这以后在工作中他经常自问，这是我能做的最好的方案吗？然后再不断进行改善，不久他就成为了公司不可缺少的一员，老板对他的工作非常满意。现在这个年轻人已经成了部门主管，他领导的团队业绩一直很好。

因此，我们可以得出这样的结论：工作做完了，并不代表不可以再有改进。在满意的成绩中，仍抱着客观的态度找出毛病，发掘未发挥的潜力，创造出最佳业绩，这才是现今优秀员工的表现。

第三章 用积极的态度去工作

有进取精神的员工就是自动自发具有积极思想的员工。那些消极、被动地对待工作，在工作中寻找种种借口的员工，是不会受到企业欢迎的。懒懒散散只会给企业带来巨大的不幸，不努力工作的人，本来可以创造辉煌人生，结果却与成功失之交臂，不得不说是人生中的遗憾。

用自信迎接每一次挑战

在充满竞争的职场里，只有你自己才能鼓起自己的信心，激励你更好地迎接每一次挑战。

在办公室里，你可能是个不起眼的小角色，老板丝毫不会注意到你，这时自信是你唯一的生存法宝。你应该积极主动地发挥自己的特长，争取表现自己的机会，譬如主持一个会议或执行一个方案，主动承担一些老板想要解决的问题，或者主动、真诚地帮助你的同事，替他们出谋划策，解决一些难题。如果你能做到哪怕只是其中的一点，你就会变得越发有信心，你在办公室里的位置就会发生显著的改变。

在工作中，你不要忽视正面思考的力量，每件事都是先由一个想法开始，因此当你往好的方面想，自然你的行动、感觉、信念都往好的方面发展，当你期许最好的，你的心思自然会集中在最好的事物上，结果也会得到最好的。

了解自己的优点和长处，正确地评价自己，不要掉入比较的陷阱，每个人都是独一无二、无法取代的，因此每个人都有别人没有的特长，充分发挥自己的特长，你的自信心就会越来越强。

自信不是潇洒的外表，但它会带给你外表的潇洒，这是需要长期坚持的一种生活习惯，它会让你认识自己所扮演的人生角色，自己在哪方面有足够的能力，还有哪方面需要再发掘自己的潜能，这样你就能精神饱满地迎接每一天升起的太阳。

拥有并保持十分的自信，你就拥有发言权，就会得到升迁的机会，就会拥有自己的办公室，就会承担新的更具挑战性的工作，你得到成功的机会也就更大。

该说出自己想法和意见的时候，就要开口，不必隐瞒自己的观点，要敢于自我表达，直截了当地说出自己的想法。结果呢，可能会出乎你的意料，你的提案得到了通过，你的努力会很快成就你的事业。

卓越的人物在成功之前，总是充分相信自己的能力，深信自己必能成功。所以工作时，他们就能全力以赴，直到胜利。

千万不要说自己能力有限，你永远可以比现在更好，只要你敢于尝试，敢做决定，敢于追求自己的梦想，你就能真正拥有自信，取得非凡的成就。

人最大的敌人通常是自己。在工作上遭遇到的最大问题，往往是缺乏信心。缺乏自信的现象，包括告诉自己做不到、怀疑自己无法获得成功、对自己的现状不满意、担心自己会失败、觉得自己没有目标和安全感，这一切都会影响你的行动，让你缺乏应有的活力。

自信与人的积极行动之间有着必然的联系。如果有坚定的自信，即使平凡的人，也能做出惊人的事业来，缺乏自信则可能一事无成。你的成就，绝不会超出自信所能达到的高度。

信心代表着你在事业中的精神状态和把握工作的热忱以及对自己能力的正确认知。有了这样一份信心，工作起来就有热情有冲劲，可以勇往直前。当然，有时候我们也会面对失败和挫折，但这些并不可怕，每当你经历一次打击便学到了一份知识，便积

累了一次力量和勇气。所以，在任何困难和挑战的面前首先要相信自己。

汽车大王亨利·福特就是最好的例证。

当亨利·福特在底特律生产汽车，并进行试车的时候，许多人都冷嘲热讽，说汽车是昂贵不实用的东西，谁会为了那个会跑的铁盒子掏腰包呢？然而福特并不为所动，并且信心十足地预言，在不久的将来，汽车会跑遍整个地球。最后，福特的预言成了事实。

这之后，福特在开发Ⅴ型引擎的时候又面临困难，福特想要制造一个8汽缸的引擎，当他把构想蓝图出示给技术人员时，他遭到了一致的反对，技术人员告诉他，根据理论，8汽缸引擎的制作是不可能的。

但福特却坚信可行，他要求不管花多少时间和代价，一定要开发出来。

在福特的坚持下，整整花了一年多的时间，经过不断地研究和试验，技术人员终于突破困境，完成8汽缸Ⅴ型引擎的制造。

福特的成功说明了信心力量的伟大。与金钱、权力、出身相比，自信是你最重要的东西，它是你从事任何事业最可靠、最有价值的资本。

为工作倾注热情

工作热情是一种难能可贵的品质。正如拿破仑·希尔所说，要想获得这个世界上的最大奖赏，你必须拥有过去最伟大的开拓者所拥有的将梦想转化为全部有价值的献身热情，以此来发展和展示自己的才能。

　　然而不幸的是对自己的工作和所从事的事业充满热情的人少之又少。看看我们的生活到底是怎样的吧！早上醒来一想到要去上班就心中不快，磨磨蹭蹭地挪到公司以后，无精打采地开始一天的工作，好不容易熬到下班，立刻就高兴起来，和朋友花天酒地之时总不忘痛陈自己的工作有多乏味、有多无聊。如此周而复始。有人估计美国有82%的人视工作为苦役，而且迫不及待地想要摆脱工作的桎梏。在工作环境相对开放的美国尚且如此，其他国家的情况可见一斑。

　　工作是员工个人价值的体现，应该是一种幸福的差事，可是为什么人们却把它当作苦役呢？绝大多数的人都会回答是工作本身太枯燥了。然而实际上问题往往不是出在工作上，而是出在我们自己身上。如果员工本身不能热情地对待自己的工作，那么即使让你做你喜欢的工作，一个月后你依然觉得它乏味至极。我们大多数人已经有过这样的经历。IBM前营销总裁巴克·罗杰斯曾说过，我们不能把工作看作是为了五斗米折腰的事情，我们必须从工作中获得更多的意义才行。我们得从工作当中找到乐趣、尊严、成就感以及和谐的人际关系，这是我们作为员工所必须承担的责任。

　　当我们在职场中遇到挫折或失败的时候，我们总喜欢从外界找借口为自己开脱——比如说竞争太激烈、大幅度裁员等——而很少会仔细地审视一下我们自己。我们总说无精打采地上班，磨磨蹭蹭去工作，这些并不是什么大事情，然而，实际上正是这些让老板下定决心辞退你的。

热情对于一个职场人士来说就如同生命一样重要。如果你失去了热情，那么你永远也不可能在职场中立足和成长。凭借热情，我们可以释放出潜在的巨大能量，激发身体的潜力，发展出一种坚强的个性；凭借热情，我们可以把枯燥乏味的工作变得生动有趣，使自己充满活力，培养自己对事业的狂热追求；凭借热情，我们可以感染周围的同事，让他们理解你、支持你，拥有良好的人际关系；凭借热情，我们更可以获得老板的提拔和重用，赢得珍贵的成长和发展的机会。

著名人寿保险推销员法兰克·派特正是凭借着热情，创造了一个又一个奇迹。

"当时我刚转入职业棒球界不久，遭到有生以来最大的打击，因为我被开除了。我的动作无力，因此球队的经理有意要我走人。他对我说：'你这样慢吞吞的，哪像是在球场混了 20 年。法兰克，离开这里之后，无论你到哪里做任何事，若不提起精神来，你将永远不会有出路。'

本来我的月薪是 175 美元，离开之后，我参加了亚特兰斯克球队，月薪减为 25 美元，薪水这么少，我做事当然没有热情，但我决心努力试一试。待了大约 10 天之后，一位名叫丁尼·密亭的老队员把我介绍到新凡去。在新凡的第一天，我的一生有了一个重大的转变。我想成为英格兰最具热情的球员，并且做到了。

我一上场，就好像全身带电一样。我强力地击出高球，使接球的人双手都麻木了。记得有一次，我以强烈的气势冲入三垒，那位三垒手吓呆了，球漏接了，我就盗垒成功了。当时气温高达华氏100度，我在球场上奔来跑去，极有可能中暑而倒下去。

这种热情所带来的结果让我吃惊，我的球技出乎意料得好。同时，由于我的热情，其他的队员也被调动起来。另外，我没有中暑，在比赛中和比赛后，我感到自己从来没有如此健康过。第二天早晨我读报的时候兴奋得无以复加。报上说：'那位新加入进来的球员，无异是一个霹雳球手，全队的人受到他的影响，都充满了活力，他们不但赢了，而且是本赛季最精彩的一场比赛。'由于对工作和事业的热情，我的月薪由25美元提高到185美元，多了7倍。在后来的两年里，我一直担任三垒手，薪水加到当初的30倍之多。为什么呢？就是因为一股热情，没有别的原因。"

后来由于手臂受伤，派特不得不放弃打棒球。他来到了菲特列人寿保险公司当了一名保险员，但整整一年都没有成绩，他因此非常苦恼。后来他像当年打棒球一样，又对工作充满热情，很快他就成了人寿保险界的大红人。他说："我从事推销30年了，见到过许多人，由于对工作保持热情的态度，他们的收效成倍地增加，我也见过另一些人，由于缺乏热情而走投无路。我深信热情的态度是成功推销的最重要因素。"

使命感和成就感

热情的态度是做任何事的必要条件。任何人，只要具备了这个条件，都能获得成功。热情可以帮助他的事业飞黄腾达。

在这个社会中，职场人士承担着巨大的有形或者无形的压力。同事之间的竞争，工作方面的要求，以及一些日常生活琐事，无时无刻不在禁锢着我们的心灵。于是在种种的压力、种种的禁锢

之后，无精打采、垂头丧气和漠不关心扼杀了我们心中美好的对事业的追求和热忱。从热爱工作到应付工作再到逃避工作，我们的职业生涯遭到了毁灭性的打击。

我们多次谈到了成长和发展，它们是我们的人生得以精彩和有意义的保障，然而没有热情，成长和发展的机会从何而来？不要再去计较那些毫无意义的事情了，有什么比拥有精彩和幸福的人生更让人快乐的呢？对你的工作倾注热情，你将从中获益匪浅。

如果你只把工作当作是一件差事，那么你就很难倾注你的热情。而如果你把你的工作当作是一项事业来看待，情况就会完全不同。

记得有这样一个故事：在一个小镇上，路人问三个石匠在做什么。第一个石匠说："我每天都枯燥地搬石头砌墙。"第二个石匠说："我的工作很重要；我要把墙垒好，这样房子才结实。"第三个石匠则目光炯炯地说："我的责任十分重大，这是镇上的第一所教堂，我要将它建成百年的标志。"

差别就在于你怎样看待自己的工作。如果你只把目光停留在工作本身，那么即使是从事你最喜欢的工作，你依然无法持久地保持对工作的热情。而如果在拟定合同时，你想的是一个几百万的订单；搜集资料、撰写标书时你想到的是招标会上的夺冠，你还会说自己的工作周而复始、枯燥无味吗？

把工作当作一项事业来做，把自己的职业生涯与工作联系起来，你就会觉得自己所从事的是一份有价值、有意义的工作，并且从中可以感觉到使命感和成就感，从而彻底改变浑浑噩噩的工作态度。

工作的态度有两种，我们可以从中任选其一。第一种是爱迪生所说的，我一辈子从来没有工作过，我只是在玩而已。另一种就是古希腊神话里头邪恶国王西西弗斯王所说的工作就是苦役。

爱迪生说工作可以创造出生产力、乐趣以及满足感。投身于自己所从事的工作，你将从中得到源源不断的快乐和成就感。

而西西弗斯王被打入冥府后，每天必须推动庞大的巨石到山上去。一天过完之后，这块巨石又会自动掉落山谷。他每天都要重复这样的过程，日复一日都是艰辛、枯燥而且毫无意义的工作。

不要狂热

大部分人都会同意，对自己的工作有热情，即便不是必要的成功因素，也是大有帮助的。不过许多人把有用的热情和亢奋或狂热的行为混为一谈。

热情有各种不同的形式。它可以是成功的动力，或者是挽起袖子，或是在艰苦而漫长的工作中总有一种亢奋的热情。不过，它的问题是，会耗尽你的精力，而且很累人。它的动力来自外在的推动，紧迫的截稿时间或加急的提案企划。因为这种热情类型的外在本质，总是带着一点挑战的味道，只要一切都顺心，我就爱这种感觉。这种热情也会变得无聊。你只有在有压力、兴奋的事情发生时，才能得到乐趣。你将时间消磨在等待和寻找更大的兴奋上。

另一种比较镇定的热情是我们所谓的放松的热情。这是一种包容、没有时间压力的感觉，它渗透进你所做的每一件事。任何事都带来喜悦和成功。这种感觉不狂热，这是一种比较镇定的兴

奋。它可以说是一种没有忧虑的兴奋，我就是喜欢这样，因为我被我所做的事情吸引了。

引发这种热情的方法就是学习将你的注意力完全保持住。任何时刻都试着一次只做一件事情，而且对那件事情付出你全盘的注意力。如果你在接电话，要专心不要分心。如果你的心飘走了、温柔地将它带回来。我们所做的任何事情——准备一份报告、一个演讲、解决一个问题、想出一个点子、从事一件困难的工作等，都是放松热情的潜在来源。它不是来自兴奋、外在的冒险，而是来自我们自己的注意力，我们的想法。我们中有太多人活在过去或未来，当我们的心思不在此时此地时，我们就从经验中汲取快乐。

你只要更专注在此时此刻，就可以将热情带回你的人生和事业中。你专注的洞察力将会大幅提升，你的创意和创造力也会有明显的提高。

从工作中寻找乐趣

工作对我们而言究竟是乐趣，还是枯燥乏味的事情，其实全要看自己怎么想，而不是工作本身。从工作中获得快乐、成功以及满足感的秘诀并不在于专挑自己喜欢的事情做，而在于发自内心地喜欢自己所做的工作。就算你注定要做个清洁工人，也要对自己的职责全力以赴，就好像米开朗基罗作画、贝多芬作曲或莎士比亚写诗那般地投入，倾注全力达到最好的工作表现，让每个人都为你驻足赞叹，这个清洁工人表现真好。

既然下定决心要在枯燥的工作中倾注热情，使之成为最有趣的工作，那么先从小事开始。

要比别人先行一步。彻底改掉总跟在别人后面，做事总比别人慢一拍的坏习惯，在工作中先行一步。比如，当电话铃响起时，抢先接电话，尽管你知道不是找自己的；当客人或老板来时，最先起身接待；召开会议时，最先发觉该给他人的杯子里添上茶水，等等。反应敏捷、做事勤快、行动力强就是热情工作的最直接体现。

要积极主动地做事。做事情时别慢腾腾的，那会给人消极怠工的印象。把热情投入到工作中去，你会发现很多问题，主动想办法解决这些问题，不但会从中学到很多知识，而且还会给老板和同事留下果断和利落的印象，无疑这对于你获得成长的机会大有裨益。

走路时要挺胸阔步。慢腾腾地走路给人的感觉就是无精打采，这种消极情绪不但会影响同事，还会使老板怀疑你的工作积极性，如此怎么能热情地工作呢？昂首阔步地走路，为自己创造良好的仪态，鼓励自己把全部热情倾注于工作中，这样工作起来才会意气风发。

德克萨斯州有句古老的谚语：温火柴点不着火。当你觉得工作乏味、无趣时，不是因为工作本身出了问题，而是因为你的易燃指数不够高。点燃你心中的热情一切都会好起来。

我们都是替自己工作，薪水是公司发的，老板指派工作给你，考量你的工作绩效。但更重要的是要怎样做才能把一切掌握在自己手中，构想和行动只是靠自己决定。

美国心理学家德西经过长期实验发现，人们从事有兴趣的工作时，受到额外奖励，反而会起到相反的作用。人们可以在自己身上发掘一种自觉的、发自内心的精神力量。德西在他的研究结果中告诉我们，人不是被动的。人会为发挥潜力而主动满足自己的需求；人并不是天生就厌恶工作，只会因工作而成熟，更独立自主，能力得到更好的提升，身心得到更多的满足；人为了自己心目中的目标，按自我价值判断而工作，能自己支配自己，是可以主动地把自己的目标与组织的目标统一起来，做到两全其美的。通过引导，人能够学会接受责任，直至寻求责任。大多数人都具有相当程度的想象力和创造力，但在实际工作中，一般人的潜力往往没有得到充分发挥；为人们创造和提供机会，诱导和调动人们的成功感、自豪感，使人们在满足个人需要的同时，更好地完成所负责的工作，不注意发挥人们的自觉因素，单纯靠增加报酬、发放奖金等物质刺激往往会事与愿违。

因此对于职场中人来说，当你正确地认识了自己，认识到自身价值和能力及社会责任时，当你对自己的工作有兴趣，感到个人潜力得到发挥的同时，你就会产生一种肯定性的情感和积极态度，把自觉自愿承担的种种义务看作是应该做的，并产生一种巨大的精神动力，即使各种条件比较差的情况下，非但不会放松自己的要求，反而会更加积极主动地提高自己的各种能力，创造性地完成自己的工作。

从现在开始，做一位行动者吧！做一位值得信赖的员工，不再用老板一连串的提醒或不断地要求，自动自发地把事情做好，获取企业的终极奖励。

以最佳的精神状态工作

精神状态是如何影响工作的，不是任何人都清楚，但是我们都知道没有人愿意跟一个整天提不起精神的人打交道，没有哪一个老板愿意提拔一个精神萎靡不振、牢骚满腹的员工。

微软的招聘官员曾对记者说，从人力资源的角度讲，我们愿意招的微软人，他首先应是一个非常有激情的人：对公司有激情、对技术有激情、对工作有激情。能在一个具体的工作岗位上，员工也会觉得奇怪，怎么会招这样的人，他在这个行业涉猎不深，年纪也不大，但是他有激情，和他谈完之后，会受到感染，愿意给他一个机会。

以最佳的精神状态工作不但可以提升你的工作业绩，而且还可以给你带来许多意想不到的收获。

刚刚进入公司的员工，自觉工作经验缺乏，为了弥补不足，常常早来晚走，斗志昂扬，就算是忙得没时间吃中饭，依然很开心，因为工作有挑战性，感受也是全新的。

这种工作时激情四射的状态，几乎每个人在初入职场时都经历过。可是，这份激情来自对工作的新鲜感，以及对工作中不可预见问题的征服感，一旦新鲜感消失，工作驾轻就熟，激情也往往随之湮灭。一切开始平淡无奇，昔日充满创意的想法消失了，每天的工作只是应付完了即可。既厌倦又无奈，不知道自己的方向在哪里，也不清楚究竟怎样才能找回曾经让自己心跳的激情。

在老板眼中你也由一个前途无量的员工变成了一个还算称职的员工。

所以保持对工作的新鲜感是保证员工工作激情的有效方法。可是这谈何容易，不管什么工作都有从开始接触到全面熟悉的过程。要想保持对工作恒久的新鲜感，首先，必须改变工作只是一种谋生手段的认识。把自己的事业成功和目前的工作连接起来；其次，保持长久激情的秘诀，就是给自己不断树立新的目标，挖掘新鲜感；把曾经的梦想拣起来，找机会实现它；审视自己的工作，看看有哪些事情一直拖着没有处理，然后把它做完……在你解决了一个又一个问题后，自然就产生了一些小小的成就感，这种新鲜的感觉就是让激情每天都陪伴自己的最佳良药。

精神状态是可以互相感染的，如果你始终以最佳的精神状态出现在办公室，工作有效率而且有成就，那么你的同事一定会因此受到鼓舞，你的热情会像野火般蔓延开来。

吉姆是一个汽车清洗公司的经理，这家店是 12 家连锁店中的一个，生意相当兴隆，而且员工都热情高涨，对他们自己的工作表示骄傲，都感觉生活是美好的……

但是吉姆来此之前不是这样的。那时，员工们已经厌倦了这里的工作，他们中有的已打算辞职，可是吉姆却用自己昂扬的精神状态感染了他们，让他们重新快乐地工作起来。

吉姆每天第一个到达公司，微笑着向陆续到来的员工打招呼，把自己的工作一一排列在日程表上，他创立了与顾客联谊的员工讨论会，时常把自己的假期向后推迟……

在他的影响下，整个公司变得积极上进，业绩稳步上升，他的精神改变了周围的一切，老板因此决定把他的工作方式向其他连锁店推广。

要用勤奋工作充实自己

在这个讲究享乐的时代，默默无闻和勤奋是宝贵的——不仅对于老板们来说是宝贵的，更重要的是对你个人成长有巨大推动作用。勤奋是走向成功所必备的。许多人所掌握的知识远远多于张瑞敏、柳传志、刘永好，但没有人像他们一样勤勤恳恳、扎扎实实地工作，把自己的才能，把自己的潜力发挥出来。有太多的职业人士所缺乏的就是这种事业至上，勤奋努力的精神。

职场人士要想把自己变成一个勤奋的人，就需要牢记自己的梦想。只有给自己一个奋斗的理由，你才能坚定信心，锲而不舍。有太多的人只为工作而工作或只为薪水而工作，所以他们往往会把工作当成一项讨厌的责任，或者是惩罚，这种思想注定了他们只会偷懒和拖拉。而如果你把它当成实现梦想的阶梯，每上一个阶梯，就会离梦想更近一点，你还会那么痛苦吗？在公司加班时接到朋友的电话，你在干什么？到动物园来吧，这里有非洲著名的马戏团的动物表演，特有意思！你会做何反应呢？一开始你会抱怨他打扰了你，接着你开始可怜自己——别人玩得那么开心，而我却只能对着电脑敲这些无聊的字符。但如果这时你提醒自己留在这里的原因——把这个方案弄好并交给老板，就有90%的几率会成为策划部的主管。一想到自己的职位将升到部长或经理，

是不是很快就会投入到工作中去了呢？

要学会用心工作。很多老资格的公司职员习惯于只用手工作，因为这些工作他们已经很熟悉了，闭着眼睛都能做好。然而只用手工作会使人们把 10 年当作 1 天来过，10 年过后，他们只掌握了一种工作方法。也就是说，10 年来他们在自己的工作上没有任何进步。这对于人才竞争日益激烈的现代人来说，无疑是一个十分糟糕的消息。勤奋工作不仅是要尽善尽美地完成工作，还必须用你的眼睛去发现问题，用你的耳朵去倾听建议，用你的大脑去思考、去学习，把 10 年真正当作 10 年来过，那么 10 年之后你所具备的才能还愁不被老板所赏识吗？其实根本用不了 10 年，3年、5 年你可能就被提拔和重用了。

勤奋工作不是机械地工作，而是用心在工作中学习知识，总结经验。在上班时间不能完成工作而加班加点，那不是勤奋，而是不具备在规定时间里完成工作的能力，是低效率的表现。

要自己奖励自己。勤奋总与苦和累联系在一起，如果长期处于苦和累的环境中，你可能会厌倦，甚至放弃。所以，适时地奖励一下自己是非常重要的。当自己掌握了一种好的处理工作的方法，或工作效率提高了 1 个小时，不妨去看一场向往已久的演出，或者为自己准备一顿丰盛的晚餐。这样的奖励往往会刺激你更加努力地工作。

勤奋并不是要你一刻不停地干，把自己弄得筋疲力尽只会导致低效率。所以工作累了的时候不妨花上几分钟的时间放松一下，给自己紧张的大脑休息一下。

最后，成功之后还要继续努力。勤奋通向成功，而成功很可能会成为勤奋的坟墓。有一项调查表明，诺贝尔奖的获得者获奖之后的成就、论文篇数等远不及其获奖前的一半。成功之后就不再努力的例子并不鲜见。很多人在凭借着勤奋努力终于被老板所提拔和重用之后，就觉得应该放松一下了——为自己前段时间那么辛苦的工作补偿一下，结果又回到原来的那种好逸恶劳、不求上进的生活状态中去了。请记住萧伯纳的名言，人生有两出悲剧：一是万念俱灰；二是踌躇满志。这两种悲剧，都会导致勤奋努力的中止。在取得了一个小目标的成功之后，要重提自己的大目标，告诉自己还有更加美好的前途在等着自己，使自己重新振作，继续勤奋，永不满足。

在职场中永立不倒的英雄所凭借的绝不是安逸中的空想，而是踉跄中的执着，重压下的勇敢，逆境中的自信，艰苦中的勤勉和奋发。是在任何环境中扎实的工作和锲而不舍的求知精神，这是他们成功的秘诀，也是所有想成功的人必须具备的崇高美德。

我们从小就知道勤能补拙，勤奋可以创造一切，也知道无数个有关勤劳实干，取得成功的故事。可是大多数人并未从中受到启发，我们依旧在工作中偷懒，依旧好逸恶劳。人们这样为自己开脱：现在时代已经变了，勤奋已不再是在职场中乃至商战中成功的法宝了，我们需要享受生活并等待机会。

是的，如今这个时代的确与以前不同了，但并不像你所想象的那样——勤奋越来越不重要了，恰恰相反，要想在职场中获得成功，勤奋是必不可少的一种美德。

在人才竞争日益激烈的职场中，怎样才能获得成功的机会呢？是依靠对工作的抱怨、不满、拖拉和偷懒吗？如果你始终把

工作当作一种惩罚，那么你永远都休想获得成功的机会，甚至你可能连目前这份你说大材小用、埋没了你才华的工作都保不住。

要想在这个人才辈出的时代走出一条完美的职业轨迹，唯有依靠勤奋的美德——认真地对待自己的工作，在工作中不断进取。

华勒是堪斯亚建筑工程公司的执行副总，几年前他是作为一名送水工被堪斯亚一支建筑队招聘进来的。华勒并不像其他的送水工那样把水桶搬进来之后就一面抱怨工资太少一面躲在墙角抽烟，他给每一个工人的水壶倒满水并在工人休息时缠着他们讲解关于建筑的各项工作。很快，这个勤奋好学的人引起了建筑队长的注意。两周后，华勒当上了计时员。当上计时员的华勒依然勤勤恳恳地工作，他总是早上第一个来，晚上最后一个离开。由于他对所有的建筑工作比如打地基、垒砖、刷泥浆等非常熟悉，当建筑队的负责人不在时，工人们总喜欢问他。一次，负责人看到华勒把旧的红色法兰绒撕开包在日光灯上，以解决施工时没有足够的红灯来照明的困难，负责人决定让这个勤恳又能干的年轻人做自己的助理。现在他已经成了公司的副总，但他依然特别专注于工作，从不说闲话，也从不参加到任何纷争中去。他鼓励大家学习和运用新知识，还常常拟计划、画草图，向大家提出各种好的建议。只要给他时间，他可以把客户希望他做的所有的事都做好。

华勒没有什么惊世骇俗的才华，他只是一个穷苦的孩子，一个普普通通的送水工，但是凭着勤奋工作的美德，他幸运地被赏识，并一步一步地成长。没有什么比这样的故事更让人心灵震颤的了，也没有什么比它更能洗涤我们被享乐和功利污染的心灵。

它不是发生在 20 世纪二三十年代，也不是距我们四五十年，它就发生在现在，就发生在这个充满了机遇和挑战的竞争时代。它告诉我们，要想在这个时代脱颖而出，你就必须付出比以往任何时代更多的勤奋和努力，拥有积极进取、奋发向上的心，否则你只能由平凡转为平庸，最后变成一个毫无价值和没有出路的人。

所以，不管你现在所从事的是怎样一种工作，不管你是一个水泥工人，还是一个 IT 精英，只要你勤勤恳恳地努力工作，你就是成功的，就是令老板认可的。

很多人习惯于用薪水来衡量自己所做的工作是否值得。其实相对于工作所带给你的东西来说，薪水是微不足道的，甚至可以说是有限的。你的勤奋带给老板的是利润的增长，而带给你的是宝贵的知识、技能、经验和成长发展的机会，当然随着机会到来的还有财富。实际上，在勤奋中你与老板获得了双赢。

相对于金钱来说，知识、经验和工作的技巧对于你的成长更加重要。在知识经济的今天，知识更新的速度是非常快的，因此推动的人才的变动也非常快。一个刚刚接受了系统的高等教育的人，往往比那些懒于学习的老职员更受老板欢迎，同样如果他在工作中不勤于学习，那么他也会被拥有最新知识的人所取代。所以，要想在职场中站稳脚跟，必须认真地对待工作，在工作中总结经验，学习最新的知识，并把它应用于工作中，这样你才能不断地成长，为自己规划出理想的职业生涯。

尤其对于年轻人来说，在工作中勤奋学习比追求理想的职业生涯更加重要。在如今这个充满了机遇和挑战的时代，如果员工只想着如何少干点工作多玩一会儿，那么他迟早会被职场所淘汰。

第三章　用积极的态度去工作

享受生活固然没错，但怎样成为老板眼中有价值的职业人士，才是最应该考虑的。一位有头脑、有智慧的职业人士绝不会错过任何一个可以让他的能力得以提高，让他的才华得以展现的机会。尽管有些工作可能薪水微薄，可能辛苦而艰巨，但它对我们意志的磨练，对我们坚韧性格的培养，是我们一生受益的宝贵财富。所以，正确地认识你的工作，勤勤恳恳地努力去做，才是对自己负责的表现。

学会掌控自己的情绪

良好的精神状态是员工责任心和上进心的外在表现，这正是老板所期望的。所以就算工作不尽人意，也不要愁眉不展、无所事事，要学会掌控自己的情绪，让一切变得积极起来。

查理·琼斯提醒我们，如果你对于自己的处境都无法感到高兴的话，那么可以肯定，就算换个处境你也照样不会快乐。换句话说，如果你现在对于自己所拥有的事物，自己所从事的工作，或是自己的定位都无法感到高兴的话，那么就算获得你想要的事物，你还是一样不快乐。

所以要想变得积极起来完全取决于自己。

在充满竞争的职场里，在以成败论英雄的工作中，谁能自始至终陪伴你，鼓励你，帮助你呢？不是老板，不是同事，也不是朋友，他们都不能做到这一点。唯有你自己才能激励自己更好地迎接每一次挑战。

工作时神情专注，走路时昂首挺胸，与人交谈时面带微笑……会让老板觉得你是一个值得信赖的人。越是疲倦的时候，就越要衣着妥当，显得有精神，让人完全看不出你的一丝倦容。如果是女性的话，还要化个美丽的妆容，这样做会给他人带来积极的影响。

总之，每天精神饱满地去迎接工作的挑战，以最佳的精神状态去发挥自己的才能，发掘自己的潜能。你的内心同时也会变化，变得越发有信心，别人也会越发重视你的价值。

很多人最大的毛病便是：常常以为自己是被注意的中心，然而实际并非如此。当我们戴一顶新帽子或穿一件新衣，总以为引人注目了。其实这完全是自己的臆想。别人或许也正和我们一样以为自己正受到他人的注目呢！如果真正有人注意我们，那大概是因为我们的自我感觉使我们表现出一种可笑的态度，而不是由于衣服。

同样的原因也可以应用在许多别的情形上。如果某人十分专心于他的工作，你绝不能使他感觉不安，因为他甚至不觉得有人在身旁。假如有人看你工作，你便觉得不安，解救的方法是专心去做得更好些，而不要勉强克制自己的不安。如果你觉得自己做得很好，人家看你时便不会感觉不安的；不安是因为你怕工作做得不好，怕弄出错处，怕别人看出你的不安，于是引起你脸红手颤，声音战栗等行为，这些行为都是你怕显露出来的。但是正因你害怕才越发显露出来。

有一次，一群中学生想戏弄一个女孩子，他们觉得她的自我感觉最敏锐。她在一个礼堂里弹琴，于是他们故意坐在使她可以

看见他们的一边，从正面注视着她。他们并不扮怪相，也不笑，也不说话，只专心地注视她而已。这个女孩子因为自我的感觉极其敏锐，一会儿工夫便感受到他们在注视着自己，便开始脸红，心神不安，最后只好中途停止弹琴，退出了礼堂。这些学生深知她注意自己比注意音乐还多，这便是他们明白用注视的方法可以扰乱她的缘故。

良好的精神状态不是财富，但它会带给你财富，也会让你得到更多的成功机会。

养成良好的工作习惯

在公司里我们常常会看到这样的情况：一位员工工作技能很高，却常常无法按时完成工作任务或与他人无法和睦相处，从而导致了考评结果不理想，最终影响了在公司中的提升。

分析发现，该员工的问题并非出在工作技能中，而是在工作习惯中。良好的工作习惯可以将工作技能顺利地应用到具体工作中，可能还会弥补工作技能的不足，从而高效完成工作任务。不良的工作习惯起到的作用恰恰相反。

人的习惯是在不知不觉中养成的，是某种行为、思想、态度在脑海深处逐步成型的一个漫长的过程。因其形成不易，所以一旦某种习惯形成了，就具有很强的惯性，很难根除。它总是在潜意识里告诉你，这个事这样做，那个事那样做。在习惯的作用下，哪怕是做出了不好的事，你也会觉得是理所当然的。特别是在面对突发事件时，习惯的惯性作用就表现的更为明显。

习惯是品格

每个公司都有自己的企业文化，不论公司是否宣传这些文化，它都是客观存在的。每一位员工，特别是新员工，在刚进公司时，一定要留意公司的企业文化。企业文化通俗地讲就是企业的做事习惯，不注意这些习惯，就会与其他人格格不入。

比如公司员工经常加班加点的工作，而新员工却非要按时来按时走，一分钟都不愿在公司多待，这种不良的工作习惯势必会影响你在其他员工心目中的印象。

比如说寻找借口。如果在工作中以某种借口为自己的过错和应负的责任开脱，第一次可能你会沉浸在借口为自己带来的暂时的舒适和安全之中而不自知。但是，这种借口所带来的好处会让你第二次、第三次为自己去寻找借口，因为在你的思想里，你已经接受了这种寻找借口的行为。不幸的是，你很可能就会形成一种寻找借口的习惯。这是一种十分可怕的消极的心理习惯，它会让你的工作变得拖沓而没有效率，会让你变得消极而最终一事无成。

人的一生中会形成很多种习惯，有的是好的，有的是不好的。良好的习惯对你影响重大，而不好的习惯所带来的负面作用会更大。下面的五种习惯，是作为一名合格的管理者必备的习惯，它们甚至是每一个员工应该具有的习惯。这些习惯并不复杂，但功效却非常显著。如果你是一位管理者，或者你希望将来成为管理者，就应该从现在做起，努力培养这些习惯。

延长工作时间

许多人对这项习惯不屑一顾，说只要自己在上班时间提高效率，没有必要再加班加点。实际上，延长工作时间的习惯对管理者的确非常重要。

作为一名管理者，不仅要将本职的事务性工作处理得井井有条，还要应付其他突发事件，思考部门及公司的管理及发展规划等。有大量的事情不是在上班时间出现，也不是在上班时间可以解决的。这需要管理者根据公司的需要随时为公司工作。

上述种种情况，都需要员工延长工作时间。根据不同的事情，超额工作的方式也有不同。如为了完成一个计划，可以在公司加班；为了理清管理思路，可以在周末看书和思考；为了获取信息，可以在业余时间与朋友们联络。总之，员工所做的这一切，可以使员工在公司更加称职。

始终表现出对公司及产品的兴趣和热情

员工应该利用每一次机会，表现你对公司及其产品的兴趣和热情，不论是在工作时间，还是在下班后；不论是对公司员工，还是对客户及朋友。

当你向别人传播你对公司的兴趣和热情时，别人也会从你身上体会到你的自信及对公司的信心。没有人喜欢与悲观厌世的人打交道。同样，公司也不愿让对公司的发展悲观失望或无动于衷的人担任重要工作。

自愿承担艰巨的任务

公司的每个部门和每个岗位都有自己的职责，但总有一些突发事件无法明确地划分到哪个部门或个人，而这些事情往往还都是比较紧急或重要的。如果你是一名合格的管理者，就应该从维护公司利益的角度出发，积极去处理这些事情。

如果这是一项艰巨的任务，你就更应该主动去承担。不论事情成败与否，这种迎难而上的精神也会让大家对你产生认同。另外，承担艰巨的任务是锻炼自己能力的难得的机会，长此以往，你的能力和经验会迅速提升。在完成这项艰巨任务的过程中，你有时会感到很痛苦，但痛苦会让你变得更成熟。

在工作时间避免闲谈

可能你的工作效率很高，也可能你现在工作很累，需要放松，但你一定要注意，不要在工作时间做与工作无关的事情。这些事情中最常见的就是闲谈。

在公司，并不是每个人都很清楚你当前的工作任务和工作效率，所以闲谈只能让人感觉你很懒散或很不重视工作。另外，闲谈也会影响他人的工作，引起别人的反感。

你也不要做其他与工作无关的事情，如听音乐、看报纸等。如果你没有事做，可以看看本专业的相关书籍，查找一下最新专业资料等。

向有关部门提出公司管理方面的问题和建议

养成了良好的习惯，你就不会再为工作中出现的问题而沮丧，甚至可以在工作中学会大量的解决问题的技巧，这样借口就会离你越来越远，而成功离你越来越近。千万不要让寻找借口成为你的习惯，就从现在开始，在工作中，在生活中，杜绝任何一次寻找借口的行为吧！

注意形象

比如，面试时，个别求职者由于某些不拘小节的不良习惯，破坏了自己的形象，使自己面试的效果大打折扣，导致求职失败。

手：这个部位最易出问题。如双手总是不安稳，忙个不停，做些玩弄领带、挖鼻孔、抚弄头发、掰关节等动作。

脚：神经质般不住晃动、前伸、翘起等，不仅人为地制造紧张气氛，而且显得心不在焉，相当不礼貌。

背：哈着腰，弓着背，似一个刘罗锅，考官如何对你有信心？

眼：或惊慌失措，或躲躲闪闪。该正视时却目光游移不定，给人缺乏自信或者隐藏不可告人秘密的印象，极易使考官反感；另外，死盯着考官，又给人压迫感，招至不满。

脸：或呆滞死板，或冷漠无生气等，如此僵尸般的表情怎么能打动人？得快快改掉。一张活泼动人的脸很重要。

行：其动作有的手足无措，慌里慌张，明显缺乏自信。有的反应迟钝，不知所措，不仅会自贬身价，而且考官不将你看扁才怪呢。

这些坏习惯一定要改掉，并自始至终保持彬彬有礼、不卑不亢、大方得体、生动活泼的言谈举止。不仅可大大增强求职者的形象，而且往往使成功机会大增。

另一方面，在一个工作岗位上你已经干了很久，却没有得到提升，你曾无数次地反问自己错在哪里，却没有得到结果。这跟你的形象有很大关系，只是你没发觉而已：

衣衫不整、头发凌乱地出入办公室，或是打扮怪异地上班，都会令人看着不舒服。改善方法：办公室着装关键在于大方整洁，过分新潮、怪异的装束下班后再展示不迟。经常上班或开会迟到，而且经常不能按计划完成工作；迟到的坏习惯极容易引起老板和工作伙伴的不满，会被说自由散漫、吊儿郎当，没有工作责任心。改善方法：较为宽松地估计路途所需的时间，预留10分钟作缓冲。若讨厌等待的话，随身携带一些文件或书籍，以免浪费时间。记住：上班早去几分钟，会给老板留下好印象。

文明办公

办公室有时就是一个小社会，人多嘴杂。面对各种利益冲突，你必须找准角色定位，既不能孤芳自赏，又不能表现过度。进入一个新单位，人地生疏，特别是在一个各种人员云集、良莠一时难辨的办公室内，如何迅速赢得大多数人的好感，尽快融入其中，营造良好的人际关系呢？

切忌拉小圈子，互散小道消息：办公室内切忌私自拉帮结派，形成小圈子，这样容易引发圈外人的对立情绪。更不应该的是在圈内圈外散布小道消息，充当消息灵通人士，这样永远不会得到

他人的真心对待，只会对你唯恐避之不及。

切忌没事聊天，大话家常：工作中应保持高度的自觉，即使有时工作完成了也不要闲着没事与同事聊天，大话家常。这样只会招致老板反感。此时将做完的工作拿出来仔细检查一番也是好的。如若出错，定会备受批评。

切忌逢人诉苦：把痛苦的经历当作一谈再谈、永远不变的谈资，不免会让人避让三舍。忘记过去的伤心事，把注意力放到充满希望的未来，做一个生活的强者。这时，人们会对你投以敬佩多于怜悯的目光。

切忌揭人短处：办公室内难免出现不愉快，此时切忌揭人短处，这样的人不但不会与同事相处融洽，连老板也会对你很反感。你工作上遇到困难时，自然也不会有人帮助。

注意细节

问起你一些人名、电话或工作期限时，你总是哑口无言，然后猛翻记录，这会降低别人对你的信任程度，老板会怀疑你对工作无兴趣、做事无条理。

要细心聆听别人的自我介绍，常用的电话号码标在醒目处，加深印象。尝试写工作日程表，以便提醒自己每天应做的事情。

虽然你有能力完成手头的工作，但进度迟缓也会令人对你的工作能力产生怀疑。

要将一件艰巨的工作化整为零，定出完成每一小部分的时限，勿让懒惰拖自己的后腿。

不要乱侃

幽默的人一般都心怀善意，他们想做得只不过是要多给人增加一份快乐而已。但无论如何，幽默也有伤人的可能，其界限是很难分的。对开玩笑和诙谐，必须把握分寸，小心翼翼不能踏错一步，否则一步走错全盘皆输，真是得不偿失。

如女同事开男同事的玩笑，最值得注意的也许是自尊心的问题吧！自尊心是不容人刺伤的，所以若是要开玩笑，应尽量开自己的玩笑！许多厉害的幽默，一定要指着自己来说！万一说了过分伤人的话，一定要诚心诚意地道歉，不能够就此放任不管。

相反的，当自己被开了过分的玩笑时，一定要当作是开玩笑而已。如此一来，对方也会不好意思。遇到这种事时，胸怀千万要宽大。

办公室开玩笑要注意格调。玩笑应该有利于身心健康，增进团结，摒弃低级庸俗。

要讲究方式。也就是要因人而异，对性格开朗、喜欢说笑的人，开些国际玩笑也无妨。而对性格内向、少言寡语的人，一般不要过分地开玩笑。

要掌握分寸。俗话说，凡事有度，适度则益，过度则损。

要避人忌讳。几乎每个人都或多或少地有自己的忌讳。所以，开玩笑时一定要小心避之。

当然，也有极少数人利用幽默的形式专讲刻薄话，既伤人又损己，他们专门去打击别人的自尊心，毫不在乎地讲出对方所耿耿于怀的话。例如：有关别人的命运、他们所生长的社会环境、

有关他们双亲在社会上的地位或者他们的职业等等。

这个世上本来就有很多不幸的人，一生下来之后，即背负了身体上不利的条件。而更值得同情的是他们之所以会变成如此，并非自己心甘情愿的。因此，凡是有怜悯之心的人，都不应该以他们身体上的缺陷为话题。事实上，这也是与人交往时必须注意的一种礼节呢！

然而，还有人毫不介意地使用那种伤人的言词。当着别人面说那种伤人的话，这是非常不道德的。例如，有些人常常使用一些刻薄的言语，嫁不出去的老处女、睁眼瞎子、拖油瓶、烂货、杂种、后娘、拖累人的废物、精神薄弱儿、坏胚子等的字眼。

假如你有心肝的话，将不难察觉到这些字眼是极为伤人的，乃是一些非人道而残酷的字眼。我们不妨设身处地地想一想，如果自己被如此称呼时，心里将有何种感觉呢？这个问题实在有深思的必要。

劳逸结合

对于员工来说，事业与家庭是人生的两大支柱。然而，这两个支柱之间，却往往存在着矛盾。

要正确处理家庭和事业的矛盾，有一条很基本的原则，那就是：不把工作带回家。

不把工作带回家，意味着你不把烦恼带回家，这样可以使自己的家庭生活和谐快乐，反过来更加有力地推动事业发展。

每天，工作压力都在动摇着都市人们的婚姻生活。各种研究表明，25%到40%的人说工作压力太大，有56%的人的配偶因此也跟着倒霉。心理学家说，压力是一种极具传染力的东西，除非采取措施，否则它可能会破坏婚姻生活。配偶的某些工作状况的变化，如在工作中的职责变化——升迁、降级、责任增大——一般会在心理上给另一方造成深刻影响，加重另一方的压力。而且大多数时候来说，另一方处境更不容易，因为他（她）只能在一旁干着急。如果协调不好，夫妻之间终于会有对抗的一天，员工的另一半也许会埋怨员工没有把家放在首位。

因此，员工上班干工作，下班还在家里讨论工作，那太不可取了。

现今生活节奏快，家庭里的每个成员为了给自己寻找一个生活保障，常常把时间花在进修或工作上，所以跟家人相处的时间就越来越少了。在这种情况下，每个家庭成员更要极力争取与家人相处的时间。要知道，有没有钱并不能衡量员工是不是成功的人，员工要在能力范围内去做，不能因为别人有大洋房住你也要。因为洋房里的温暖，不是由里面的那些砖块拼成的，而是由家庭成员去共同营造的。

生活中的确有苦恼，我们也可以向家人诉说，但却不能把苦恼全部转移到家人的身上。

要知道，家是你温暖可靠的后方，我们应该用心呵护它，当你工作了一天，打开家门的时候。就应该把工作中的不快乐拒之门外，带一份好心情回家。

不把工作带进家，意味着你可以在家庭的温暖中使自己得到充分的休息，以更好的状态投入明天的奋斗。

人生幸福的大部分内容是家的温暖，有一个幸福的家，我们的人生就可以如天上的那轮明月圆满而无憾。

有序的做好各项工作

长期的工作经验告诉我们：工作中有许许多多的事情，而你的精力却是有限的。但如果我们工作中分清主次、先后，将会有助于我们更好地做成事情。

遍布全美的都市服务公司创始人亨利·杜赫提说过，人有两种能力是千金难求的无价之宝：一是思考能力；二是分清事情的轻重缓急，并妥当处理的能力。

白手起家的查理·鲁克曼经过 12 年的努力后，被提升为派索公司总裁一职，年薪 10 万，另有上百万其他收入。他把成功归功于杜赫提谈到的两种能力。鲁克曼说："就记忆所言，我每天早晨 5 点起床，因为这一时刻我的思考力最好。我计划当天要做的事，并按事情的轻重缓急做好安排。"

全美最成功的保险推销员之一弗兰克·贝特格，每天早晨还不到 5 点钟便把当天要做的事安排好了，主要是在前一个晚上他定下每天要做的保险数额，如果没有完成，便加到第二天，以后依此推算。

由此可见，在工作中分清事情的轻重缓急并做好安排是很重要的。虽然我们没有人能永远按照事情的轻重程度做事。但我们知道做事分清轻重缓急总比想到什么就做什么要好得多。

如果你轻视自己的工作，将它当成低贱的事情，那么也绝不会尊敬自己。因为看不起自己的工作，所以倍感工作艰辛、烦闷，自然工作也不会做好。当今社会，有许多人不尊重自己的工作，不把工作看成创造一番事业的必由之路和发展人格的工具，而视为衣食住行的供给者，说工作是生活的代价，是无可奈何、不可避免的劳碌，这是多么错误的观念啊！

因此，我们千万不能看不起自己的工作，每个人的工作都是有价值、有意义的。一个看不起自己工作的人，实际是懦夫，其实他本来可以创造辉煌，结果却与成功失之交臂，这不能不说是人生的一个巨大的遗憾。

芝加哥和西北铁路公司总裁罗兰·威廉斯说过，那些桌上老是堆满东西的人会发现：如果你把桌上清理干净，只保留与手头工作有关的东西，这样会使你的工作进行得更加顺利，而且不会出错。我把这一点称为好管家，这也是提高效率的第一步。

诗人波普也曾在华盛顿的国会图书馆天花板上写过，秩序是天国的第一要律的名言。

秩序也应是工作中的第一要律。但事实果真如此吗？只要我们稍加留心就会发现，很多人的桌上老是堆满了文件和资料，可有些东西一连几个星期也不曾看一眼。

当你的办公桌上乱七八糟、堆满了待复信件、报告和备忘录时，就会导致你慌乱、紧张、忧虑和烦恼。更为严重的是，一个时常担忧万事待办却无暇办理的人，不仅会感到紧张劳累，而且会引发高血压、心脏病和胃溃疡。

可见工作中这一乱七八糟的毛病危害之大。因此，要想健康工作、愉快工作必须改掉无序的坏毛病，让自己有一个轻松、整洁的工作环境。

优秀的员工是工作中再多做一点

多做一点，工作可能就大不一样。尽职尽责完成自己工作的人，最多只能算是称职的你。如果在自己的工作中再多做一点，你就可能成为优秀的员工。

著名投资专家约翰·坦普尔顿通过大量的观察研究，得出了一条很重要的原理，多做一点。他指出，取得突出成就的人与取得中等成就的人几乎做了同样多的工作，他们所做出的努力差别很小——只是多做一点。但其结果，所取得的成就及成就的实质内容方面，却经常有天壤之别。

约翰·坦普尔顿把这一定律也运用于他在耶鲁的经历。坦普尔顿决心使自己的作业不是95%而是99%的正确。结果呢？他在大学三年级就进入了美国大学生联谊会，并被选为耶鲁分会的主席，并得到了罗兹奖学金。

在商业领域，坦普尔顿把"多做一点"定律进一步引申。他逐渐认识到只多那么一点儿就会得到更好的结果。那些更加努力的人就会得到更好的成绩，那些在1品脱的基础上多加了17盎司而不是16盎司的人，得到的份额远大于1盎司应得的份额。

"多做一点"定律可以运用到所有的领域。实际上，它是使你走向成功的普遍规律。

例如，把它运用到高中足球队，你就会发现，那些多做了一点努力，多练习了一点的小伙子们成为了球星，他们在赢得比赛中起到了关键性的作用。他们得到了球迷的支持和教练的青睐。

而所有这些只是因为他们比队友多做了那么一点。

在商业界，在艺术界，在体育界，在所有的领域，那些最知名的、最出类拔萃者与其他人的区别在哪里呢？回答是就多那么一点儿。多做一点——谁能使自己多做一点，谁就能得到千倍的回报。

在工作中，有很多时候需要我们多做一点。多做一点，工作可能就大不一样。尽职尽责完成自己工作的人，最多只能算是称职的员工。如果在自己的工作中再多做一点，你就可能成为优秀的员工。

多做一点在所有的工作中都会产生好的效果。如果你多做一点，你的士气就会高涨，而你与同伴的合作就会取得非凡成绩。要取得突出成就，你必须比那些取得中等成就的人多努力一把，学会多做一点，你会得到意想不到的收获。

多做一点其实并不难，我们已经付出了99%的努力，已经完成了绝大部分的工作，再多增加一点又有什么困难呢？但是，我们往往缺少的却是多一点所需要的那一点点责任、一点点决心、一点点敬业的态度和自动自发的精神。

多做一点其实是一个简单的秘密。在工作中，有很多东西都是我们需要增加的那一点。大到对公司的态度，小到你正在完成的工作，甚至是接听一个电话、整理一份报表，只要能多做一点，把它们做得更完美，你将会有数倍多一点的回报。

获得成功的秘密在于不遗余力——加上那一点儿。多一点的结果会使你最大限度地发挥你的天赋。约翰·坦普尔顿发现了这个秘密，并把它运用到他的学习、工作和生活中，从而获得了巨大的成功。从现在起，你也掌握了这个秘密，好好运用它吧！

我已经竭尽全力了吗？或许我还有更多一点儿可做？经常这样提问自己，将让你受益匪浅。

要善于赞扬部下

一位成功的工厂管理者有着很强的凝聚力，他能使员工兢兢业业地工作。有人请教其奥秘，他说，只要记住对任何人说话时，总是以建议的方式来表达就行了。因为命令无效，请教事成。

原来，他从不以命令的口吻对任何人说话，而总是以建议的方式来表达自己的意见。

聪明的人从不会说出像你应该这么做，或是那样做不可以之类武断的措辞，而总是会谦和地问，你是不是可以考虑这种做法？或是你说这样是不是会好一点等等。

曾经遇到过这样的老板，他总是很注意为他人保留一些选择的余地，从不会斩钉截铁地要他的员工去做任何事，而总是让他们去决定，并让他们从错误中学习。

这种态度，不但给予对方最起码的尊严，同时还会使对方乐于与员工合作，不致恼羞成怒，拂袖而去。所以，要在不激怒他人的情况下改变其想法时别忘了：不要下达命令！以缓和的态度来征求对方的意见。

要善于赞扬部下。艾尼丝·肯特太太想聘用一位女佣，便打电话给那位女佣的前任雇主，询问了一些情况，得到的评语却是贬多于褒。女佣到任的那一天，艾尼丝说："我打电话请教了你的前任雇主，她说你为人老实可靠，而且煮得一手好菜，唯一的缺点就是理家比较外行，老是把屋子弄得脏兮兮的，我想她的话并非完全可信，我相信你一定会把家里整理得井井有条。"

事实上她们果然相处得很愉快，女佣真的把家里打扫得干干净净，而且工作非常勤奋。

我相信，只要肯定对方的特殊能力，高度地给予评价并提出要求，任何人都会乐于将其优点表现得淋漓尽致。

莎士比亚曾说，夸奖他事实上并不拥有的美德。要想矫正某人的缺点，不妨反过来先赞美对方的其他优点，他才会乐于迎合你的期望，自我矫正。

天底下，不论是穷人、富人、小偷，或是神甫，只要他们听到别人赞美自己的某一优点，他一定会全心全力去维护这份美誉，生怕辜负了自己和别人。

赞美不但让别人高兴，也可以让自己获得无数的友谊和协助，希望你能够培养起这种习惯。

其实喜欢别人的赞美是一般人的心理，不只是成人，小孩子也需要大人的赞美，不信你向小女孩称赞她长得漂亮可爱，或是她的洋娃娃很好看，看看她的反应如何？

大人看似心智成熟了，其实需要赞美的心理并未消失，所以女孩子买了新衣服，总要问问女伴好不好看。说好看，她便乐了。男人呢？对年轻人说他长得英俊潇洒，他一定高兴，对中年人说他温文尔雅，他也一定开怀！

所以，要建立团队，你一定要善用赞美的魔力，它可以提高、润滑你的人际关系，让你到处受欢迎。

第四章 把敬业
当做是一种使命

　　敬业，顾名思义就是敬重并重视自己的职业，把工作当成自己的事业，并对此付出全身心的努力，抱着认真负责、一丝不苟的工作态度，即使付出更多的代价也心甘情愿，并能够克服各种困难，做到善始善终。

　　敬业的员工，不仅仅是为了对老板有个交代，更重要的一点，敬业是一种使命，是一个职业人应具备的职业道德。

忠诚是最重要的美德

那些忠诚于老板，忠诚于企业的员工，都是努力工作的员工。他的忠诚会让他达到我们想象不到的高度。

一个人在他的父母、导师、老板或其他人的眼中，最可贵的品质恐怕就是忠诚了。关于这一点，许多人的观念中好像都存在着一个令人费解的误区，他们几乎都说不管他们从事什么样的工作，只要他们把工作做好就行了，至于其他的因素可以不予考虑。

毫无疑问，大多数年轻人对自己的老板都怀有一定程度的忠诚之心，至少对于他们现在所从事的工作是这样的。但这样的忠诚在很多时候都表现得极其不够。甚至还有一些员工，故意在他们的监督者不在的时候把事情弄得一团糟，这样的人是绝对不能任用的。

在对老板的忠诚方面，我们除了应该做好分内事情之外，还应该表现出对老板事业兴旺和成功的兴趣，不管老板在不在场，都要像对待自己的东西一样照看好老板的设备和财产。一些员工有这样的倾向，那就是如果老板把所赚的利润都给他的话，他将比平时更加勤奋、谨慎、节俭和专心，他们永远也达不到想象中的那种成功。

很多人，如果说他对老板的忠诚不足，他会这样辩解，忠诚有什么用呢？我又能得到什么好处？忠诚并不是为了增加回报的砝码，如果是这样，就不是忠诚，而是交换。我们应该明白，在这个世界上，并不缺乏有能力的人，那种既有能力又忠诚的人，才是每一个企业企求的最理想的人才。人们宁愿信任一个虽然能力差一些却足够忠诚敬业的人，而不愿重用一个朝三暮四、视忠诚为无物的人，哪怕他能力非凡。如果你是老板，你肯定也会这样做的。

很多你干活的时候敷衍了事，做一天和尚撞一天钟，从来不愿多做一点儿工作，但到了玩乐的时候却是兴致万丈，得意的时候春风满面，领工资的时候争先恐后。比如修好墙上的一个破洞，帮老板把几箱货物放在该放的地方，随时记下几笔零碎的账目，都只不过是举手之劳，却可以给老板省下很多时间和金钱，但他们就是不愿意这样做。如果是自己的生意，你会袖手旁观、置之不理吗？当然不会，那么受人所雇，就不应当尽力而为吗？有些人做事马马虎虎，懒懒散散，因为他们觉得即使做事兢兢业业也得不到什么好处，这些人最好读一下这一个有着忠诚和奉献精神的仆人的故事。

一位马耳他王子在路过一间公寓时看到一个仆人正紧紧地抱着主人的一双拖鞋睡觉，他上去试图把那双拖鞋拽出来，却把仆人惊醒了。这件事给这位王子留下了很深的印象，他立即得出结论：对小事都如此小心的人一定很忠诚，可以委以重任，所以他便把那个仆人升为自己的贴身侍卫，结果证明这位王子的判断是正确的。那个年轻人很快升到了事务处，又一步一步当上了马耳他的军队司令，最后他的美名传遍了整个西印度群岛地区。

不要指望有任何不需付出的回报，忠诚是一条双行道，付出一磅忠诚，你将收获双倍的信任。巴顿将军的回忆录里说他于

119

1943 年 7 月 18 日从西西里发出的一封信里，读到这样一段话：不久前的某一天，威廉·达比上校被提升为一个团的团长。级别提升了一级，但他拒绝接受，因为他愿意与他训练出来的士兵呆在一起。同一天，艾伯特·魏德迈将军请示降为上校，为的是能够去指挥一个团。我说这两种行动都很棒。威廉上校为了忠诚于自己的部下而甘愿放弃晋升的机会，他的部下必将对他更加忠诚。但前提是，他的那些部下首先是对他忠诚的。一个不忠诚的员工永远不会有遇到这样的老板的幸运。

忠诚是人类最重要的美德。那些忠诚于老板、忠诚于企业的员工，都很努力工作。在本职工作之外，他们还积极地为公司献计献策，尽心尽力地做好每一件力所能及的事。而且，在危难时刻，这种忠诚会显现出它更大的价值。能与企业同舟共济的员工，他的忠诚会让他达到我们想象不到的高度。

大部分的员工说做事都是为了老板而做。老板出钱我出力，本该如此。实则是为了自己，因为敬业的人能从工作中学到比别人多的经验，而这些经验便是员工向上发展的踏脚石，就算员工以后从事不同行业，这些工作方法也必会为他带来帮助！因此，以老板的心态对待公司的人，从事任何行业都容易成功。

有人天生就有敬业精神，任何工作一接手就废寝忘食，但有些人的敬业精神则需要培养和锻炼。如果员工自说敬业精神不够，那么就应趁年轻的时候强迫自己敬业——以老板的心态对待公司！经过一段时间后，敬业就会变成员工的习惯！

把敬业变成习惯之后，或许不能立即为你带来可观的好处，但可以肯定的是，把不敬业变成习惯的人，他的成就相当有限，因为他的散漫、马虎和不负责任的做事态度已深入他的意识与潜意识。做任何事他都会有随便做一做的直接反应，结果可想而知了。如果到了中年还是如此，就会很容易蹉跎一生！

所以，以老板的心态对待公司短期来看是为了老板，长期来看是为了你自己呀！

员工工作过程中替老板精打细算也是忠诚的一种态度。

抽水马桶里放3块砖，以节省冲水量；男用的便池用白漆划了两个鞋印，定位而立，以使节省清洗用水。

笔记用纸正面写完了，裁成4段订成小册子，反面作为便条纸。

一只手套破了，只换一只，另一只等用破再换。

员工上班时间内，如果要离开工作岗位3步以上的，一律用跑步。

在工作中，不要忘记集腋成裘、滴水成河，一点一滴为企业节约开支。

只有企业全体职工精打细算，培养出以企业为生命的意识，才能给企业带来不断繁荣兴旺的大好前景。

培养自己的敬业精神

你在追求成功的过程中，不可避免地遇到这样或那样的困难。那么，要战胜困难，就要有敬业精神。敬业精神是强者之所以成为强者的一个重要方面，也是由弱者到强者应该具备的职业品性，如果你在工作上敬业，并且把敬业变成一种习惯，你会一辈子从

中受益。

敬业，顾名思义就是敬重并重视自己的职业，把工作当成自己的事业，并对此付出全身心的努力，抱着认真负责、一丝不苟的工作态度，即使付出更多的代价也心甘情愿，并能够克服各种困难，做到善始善终。

在竞争如此激烈的现代社会，毫不夸张地说，一个公司的存亡，就取决于其员工的敬业程度。只有具备忠于职守的职业道德，才有可能为顾客提供优质的服务，并能创造出优质的产品。如果把界定的范围扩大到以国家为单位，那么一个国家能否繁荣强大，也取决于人民是否敬业。

但在职场中，总有些员工在工作中偷懒，不负责任。这样的员工，头脑里根本没有对敬业的理解，更不会把敬业看作是一种神圣的使命。

每个员工的敬业所带来的最直接的结果当然是企业的不断发展，以及员工个人事业的成功。

当敬业意识深植于我们脑海里，那么做起事来就会积极主动，并从中体会到快乐，从而获得更多的经验和取得更大的成就。当然，要取得最终的成功需要长期的努力，不会迅速见效。但如果不具备敬业精神，那也就不会有成功的可能了。工作上的马虎失职，也许对公司并不会造成严重的影响，但长此以往，也就葬送了员工的前程。

阿尔伯特·哈伯德说，员工即使没有一流的能力，但只要拥有敬业的精神同样会获得人们的尊重，即使员工的能力无人能比，却没有基本的职业道德，一定会遭到社会的遗弃。

有个才华横溢的年轻人，对工作缺乏热情和敬业精神，总是以消极、散漫的态度应付本职工作，与他一起大学毕业并一同进入公司的同学得到了提拔和重用，而他始终无法获得提升。

难怪有一位成功大师在谈到敬业精神时说：有许多非常优秀的大学生，当学业有成步入职场后，对工作缺乏敬业精神，结果往往抓不住成功的机会，真是非常遗憾啊！

他的话令人深思。

无论从事什么行业，只有全心全意、尽职尽责地工作，才能在自己的领域里出类拔萃，这也是敬业精神的直接表现。

之所以要敬业，原因无非是两个：一是为了提高自己的业务能力，放眼于未来的发展。二是为了把工作干得更好，对公司和老板负责，得到老板的青睐。

任何一家公司、任何一个老板，都想自己的事业能兴旺发达。这样，他就自然而然地需要一个、几个乃至一批兢兢业业、埋头苦干的员工，需要一些具有强烈敬业精神和强烈责任心的员工。

从这一点说，敬业的员工，是老板最倚重的员工，也是最容易成功的员工。如果员工的能力一般，敬业可以让员工走向更好；如果员工十分优秀，敬业会将员工带向更成功的领域。

王杰本科毕业后被分配到一个研究所，这个研究所的大部分人都具备硕士和博士学位，王杰感到压力很大。工作一段时间后，王杰发现所里大部分人不敬业，对本职工作不认真，他们不是玩乐，就是搞自己的第三产业，把在所里上班当成混日子。王杰反其道而行之，他一头扎进工作中，从早到晚埋头苦干业务，还经常加班加点。王杰的业务水平提高很快，不久成了所里的顶梁柱，

并逐渐受到所长的重用，时间一长，更让所长感到离开王杰就好像失去左膀右臂。不久，王杰便被提升为副所长，老所长年事已高，所长的位置也在等着王杰。

假若老板的周围缺乏实干敬业者，员工如果具有强烈的实干敬业精神，员工自然能得到重视，受到重用，得到提拔。

初涉职场的年轻人都有这样的感觉，自己做事都是为了老板，为老板挣钱。其实，这是情理之中的事。如果老板不挣钱，员工怎么可能在这家公司呆下去呢？

但也有些人说，反正为人家干活，能混就混，公司亏了也不用我去承担，甚至还扯老板的后腿。其实，这样做对老板、对员工自己都没有好处。

事实证明，敬业的人能从工作中学到比别人更多的经验，而这些经验便是员工向上发展的踏脚石，就算员工以后换了地方，从事不同的行业，丰富的经验和好的工作方法也必会为员工带来助力，员工的敬业精神也会为员工的成功带来帮助。因此，把敬业变成习惯的人，从事任何行业都容易成功。

有些人天生就具有敬业精神，任何工作一接手就废寝忘食，但有些人则需要培养和锻炼敬业精神。如果员工自说敬业精神还不够，那就强迫自己敬业，以认真负责的态度做任何事，让敬业精神成为员工的习惯。

把敬业变成习惯之后，或许不能为员工立即带来可观的收入，但可以肯定的是，如果员工养成不敬业的不良习惯，员工的成就就相当有限。因为员工的那种散漫、马虎、不负责任的做事态度已深入员工的意识与潜意识，做任何事都会有随便做一做的直接反应，其结果可想而知。如果人到了中年还是如此，很容易就此蹉跎一生。当然也说不上由弱变强，改变一生的命运了。

所以，短期来看敬业是为了老板，长期来看还是为了员工自己！因为敬业的人才有可能由弱变强。此外，敬业的人还容易受人尊重。就算工作绩效不怎么突出，但别人也不会去挑员工的毛病，甚至还会受到员工的影响。敬业的人还容易得到提拔。任何老板都喜欢敬业的人，因为员工的敬业可以减轻老板的工作压力。员工敬业，老板就会对员工放心，自然会将员工视为骨干和中坚力量。

现代社会中，由于经济高速发展，工作机会很多，因此常有企业招募员工，但是员工千万不要以为到处都有机会，而对目前的工作漫不经心，也不要因为不怎么喜欢目前的工作而整天混日子。每一个职场中人，都应该磨练和培养自己的敬业精神，因为无论员工将来到什么位置，做什么工作，敬业精神都是员工走向成功的最宝贵的财富。

有效地利用有限的时间

哲学家以及诗人歌德说：我们都拥有足够的时间，只是要好好善加利用。如果不能有效利用有限的时间，就会被时间俘虏，成为时间的弱者。一旦在时间面前成为弱者，你将永远是一个弱者。因为放弃时间的人，同样也会被时间放弃。

尽管对任何人来说，时间的价值非比寻常，它与人生的发展

和成功关系非常密切。然而，时间似乎总是人们最容易浪费掉的东西。可以这样说，大千世界中，没有什么东西比时间更容易被虚度。

同样的工作时间，同样的工作量，为什么你总不能像别人那样在第一时间完成？亨利·福特这样解释：人们每天花在处理一些没有必要处理的事情上的时间太多，数量说起来实在相当惊人。他还把这些吞噬你时间的琐碎事情列举出来：

· 打太多的电话；

· 上班时间吃早餐；.

· 上班时间谈论私人事件；

· 花太多的时间计较细枝末节；

· 所读的东西没有任何信息，也没有给予任何启发；

· 在应该着手进行下一项工作的时候，却往往停下来对别人解释自己为什么要做这些事情；

· 把上班时间拿来做白日梦；

· 在不重要或不值得做的事情上，投注宝贵的时间和精力；

· 拜访太多的朋友，且拜访时间太久。

这些听起来是不是很熟悉呢？你说不定可以给这个清单再添加点别的事项，说明自己工作时是如何浪费时间的。如果是这样，你已浪费了很多时间。要想做一个成功的职业人才，你必须解决浪费时间的问题。每个人的时间都掌握在自己手上，全天下除了你自己之外，没有人能够为你解决浪费时间的问题。在这里，你若想铲除浪费时间的根源，就要把你时间里头的浪费枝芽摘除掉，把养分、精力和注意力灌溉给会结出果实的主干，只有这样，你才能提高工作效率，享受成功的果实。

成功人士在杜绝时间浪费的行为习惯后，是如何最大限度地有效运用时间，抓紧时间的掌控的呢？实际上，成功者管理时间、利用时间的方式，并没有什么了不起的诀窍。

凡在工作中表现出色，得到老板赏识的人，都有一个促使他们取得成功的好习惯：变闲暇为不闲，也就是抓住工作时间的分分秒秒，不图清闲，不贪暂时的安逸。

时间是由分秒组成的，用分计算时间的人，比用时来计算时间的人，时间多59倍。所以，善于利用零星时间的人，总会做出更大的成绩来。

琳达受聘于一家顾问公司，她平均每年要负责处理130宗案件，而且她的大部分时间都是在飞机上度过的。琳达认为和客户保持良好的关系非常重要。所以，在飞机上她就给她的客户们写邮件。她说："我已经习惯如此了，这有什么坏处呢？"一位等候提行李的旅客对她说："在近3个小时里，我注意到你一直在写邮件，你一定会得到老板重用的。"琳达则笑着说："我早已是公司的副总了。"

别以为没有人注意员工的出勤情况，也别以为老板经常不坐在办公室内。实际上员工在公司的一举一动，老板都清清楚楚。因为所有的老板只有对两方面的情况了解得清清楚楚，他们才能安心睡觉，一是公司的业绩，二是员工的表现。

如果有一天，老板准时走进办公室，看到其他同事正在埋头工作，而你的座位空空如也，那么无论你如何开脱，也很难挽回恶劣影响了。在老板的眼里，你肯定是不喜欢目前的工作，随时

准备放弃，所以工作起来无法尽心尽力。

一位成功的职业人士这样告诫他的后辈，就算不能第一个到办公室，也不做最后那个姗姗来迟的人。在星期一早上，如果你能比其他人都早到一些，即使只是趁别人还没有进办公室之前查查自己的电子邮件，或者整理一下办公桌，都会让自己提早进入一周的工作状态。同时跟周围的人比起来，你的精神显得特别愉快，也绝对是当天最让老板眼睛一亮的员工。

就算不能最后一个下班，也不要在众人都埋头工作时扬长而去。你的工作效率可能比别人的都高，那么应该去帮助显然在今晚必须开夜车的人，问他有什么是你可以帮忙的，就算你到头来也没有帮上什么，光是这点心意，就足以让人感动并产生好感了。但切记一定要出自诚意。别忘记，整个团队的成功，才能让你的优秀表现更杰出。让团队里其他人显得灰头土脸，不但不会让老板说你的能力比其他人高强，反而会觉得你的工作是否过于轻松了，并且没有团队精神的概念。

所以，在工作中积极主动的员工总会比公司所规定的时间早到几分钟，利用这短短的几分钟，使自己的心沉静下来，准备迎接一天工作的挑战，而下班前注意整理桌面，重要文件归档、确认第二天的工作。

上班时间丝毫马虎不得，要充分利用起来，提高工作效率，否则，你的工作常常落在别人后面，别说升职加薪，恐怕连下月的薪水都无处去领。

不要在上班时间跟他人闲扯，不要接听冗长无聊的电话，更不能身在曹营心在汉，想到外面的世界多精彩或者家里的煲汤香浓浓，心猿意马，魂不守舍。你应该做的是把全部的心思和精神都投注于自己手边的工作上，有效地提高工作质量，提升工作效率。

占用员工的私人时间已经是老板们司空见惯的事情，只要工作需要，他们就不会有任何歉意，而且加班费少得可怜，所以很多人最害怕的事情就是已经和家人计划好周末的活动内容，却在周五被老板临时通知加班。没办法，只好一脸沮丧地打电话向家里人解释，毕竟工作更重要。

渐渐地，不但老板乐此不疲，就是员工也习以为常，毫不介意。因为老板肯占用自己的时间，正好代表重用。

一般对喜爱和信任的员工，老板会下意识地说，偏用他们的最直接表现就是收买对方的全部时间。

一则在于成功人士以事业为第一生命。富可敌国的比尔·盖茨每天都要工作十几个小时，将人比己。老板说，有志向的员工也应随时准备献身事业。

二则身为老板，必然精打细算，任何支出必须争取获得超额回报，所以多数员工都会遇到老板要求免费奉献的情况。如果这种事轮到员工的头上，员工不要介意，仍要满怀热情地去工作，把这一切当作磨练，毫无抱怨。

有一位领取公司最高薪金的员工，曾经这样对他的朋友说，不要以为我获得的最多。其实，老板从来没有雇用过像我这样便宜的员工，我一个星期工作 7 天，每天苦干 16 小时，平均计算，我的薪水还不如一般职员呢。

所以，职场上打拼的成功者，都不会吝啬自己的私人时间，只有这样，才有前途可言。

老板看重忠诚，更看重业绩

如果说，智慧和勤奋像金子一样珍贵的话，那么还有一种东西更为珍贵，那就是忠诚。一位成功者说，所有能力都必须排在忠心的素质之后。

古往今来，没有老板会喜欢一个有外骛之心的员工。一个精明干练的员工，一旦生有异心，他的能力发挥得越充分，处于公司利益和自身事业考虑时，可能对老板和公司的利益损害越大。更多时候，老板需要并提拔那些具有忠诚品质的员工，对三朝两日就喊着另寻高枝的员工，则会毫不留情地拒之门外。

既然做企业的忠诚员工便可能赢得老板的赏识，那么这是否意味着，员工只需朝忠诚这一个方向努力呢？

答案是否定的。

忠诚是根本；但不是全部。基本与实际之间是有一段距离的，做好了基本的事情并不等于一定就能达到目的。就像枝与叶的关系一样——如果没有叶，枝干可能会变得丑陋乃至死亡——员工在努力做企业的忠诚员工的同时，还必须拥有令人刮目相看的业绩。

效忠公司乃是员工必须做的事，但并不是突出的优点。所谓在商言商，公司不是慈善机构，老板也不是具有菩萨心肠的慈善家，他最主要的目的，还是获得赢利，使生意越做越大。这是根本。老板雇佣员工就是为了达到自己的这一目的，要达到这一目的，除忠诚以外，更大程度上还需要员工做好业务，对公司的发展有价值。

对员工而言，通过一系列财务数据反映出来的工作业绩，最能证明员工的工作能力，突出员工过人的魄力，体现员工的个人价值。

事实表明，既能跟老板同舟共济，又业绩斐然的员工，是最令老板倾心的员工。如果员工在工作的每一阶段，总能找出更有效率、更经济的办事方法，员工就能提升自己在老板心目中的地位。员工将会被提拔，会被实际而长远地委以重任。因为出色的业绩，已使员工变成一位不可取代的重要人物。如果员工仅仅忠诚，总无业绩可言，尽忠一辈子也不会有什么起色，老板想重用也会犹豫，因为他不放心。更进一步讲，受利润的驱使，再有耐心的老板，也绝难容忍一个长期无业绩的员工。所以，抱有尽忠职守，不浪费公司资源观念的员工，是最愚蠢不过的了。届时，即使员工忠贞不二，永不变心，老板也会变心，甘愿舍弃有忠诚无业绩的员工，留下忠心且业绩突出的员工。

不要责怪老板薄情寡义。一个企业要想长期发展，仅仅依靠员工的忠诚是不够的。一个成功的老板背后，必须有一群能力卓越、忠心耿耿且业绩突出的员工。没有这些成功的员工，老板的辉煌事业将无法继续下去。所以，老板看重忠诚，更看重业绩，势在必然。

一个成功学家曾聘用两名年轻女孩儿当助手，替他拆阅、分类信件，薪水与相关工作的人相同。两个女孩儿均忠心耿耿。但其中一个虽忠心有余，却粗心、懒惰，能力不足，就连分内之事也常不能做好，结果遭解雇。

另外一个女孩儿却常不计报酬地干一些并非自己分内的工作——譬如，替老板给读者回信等。她认真研究成功学家的语言风格，以至于这些回信和老板自己写的一样好，有时甚至更好。她一直坚持这样做，并不在意老板是否注意到自己的努力。终于有一天，成功学家的秘书因故辞职，在挑选合适人选时，自然而然地想到了这个女孩儿。

故事并没有结束。这位女孩儿能力如此优秀，引起了更多人的关注，其他公司纷纷提供更好的职位邀请她加盟。为了挽留她，成功学家多次提高她的薪水，与最初当一名普通速记员时相比，已经高出了4倍。尽管如此，做老板的仍深感物超所值，其出色的业绩远非提高4倍的薪水所能匹配的。

总之，员工千万不要以为自己的忠诚获得了老板的认可，就有理由保证自己不被列入裁员的名单中。仅靠忠诚获得老板的欢心，只能是短暂的。出色的业绩，对老板才最具诱惑力，才是员工立于不败之地的真正王牌。

老板在自己的公司内，处理事情时往往是一言堂。他的阅历比其他人丰富，自信心很强，总是认定自己的想法是最好的。因此，多数职员说唯命是从、毕恭毕敬，就能讨得老板的欢心，有些能力平庸的员工甚至以曲意逢迎来换取老板的赏识。其实，乖乖听话、俯首听命的伙计，不一定能位极人臣，因为在市场竞争如此激烈的今天，老板首先要考虑的是企业的生存与发展，高帽戴着再舒服也比不上企业利润的增长，因此，老板心中最高分数的职员，一定是那些能让公司最赚钱的职员。

所以每年年尾分红的时候，那些业绩好、收益高的员工一定是表彰大会的主角。鲜花、美酒，当然丰厚的奖金也是少不了的。很多世界级企业，每到年终就会进行以业绩为主的员工排位，排在前列的员工不用说一定会趾高气扬，而排在后面的不但脸面无光，还随时会有被老板解雇的可能。这当然怪不得老板，面对严峻的生存形势，老板只能如此。时下许多企业都在实行员工末位淘汰制，以此来激励员工。

所以如果仔细观察，员工就会发现，做老板的不大会迁就人，但他必定会为业绩做出各种妥协，因为老板不会跟自己公司的钱包斗气。

故而开展工作也好，服务于老板也好，必须把努力的目标放在如何帮助企业赚到钱和节省钱上，单做一个听话的职员，在老板心中的印象一定无法达到最佳。

利润至上是每个公司的原始推动力，至今仍然是，虽然这让许多人产生了误解，可这确实是公司存在、发展乃至服务社会的根本。因此，老板们都希望员工头脑中有一个简单却至关重要的概念，那就是每一个公司的成员都有责任尽力帮助公司赚钱。一旦员工的头脑中输入这个概念，并习惯基于这个概念行事，一定会见到效果。

在一家业绩卓著的金融机构，有一天老板让秘书公告全公司，所有的纸都要两面用完才能扔掉。表面看来老板极其吝啬，一张纸上都要做文章，其实他解释道，让文员和秘书知道这样做可以使公司减少支出，相对地利润增加，极其重要。有了替公司赚钱的责任感，自然会付诸行动。

一个企业，不要以为只有生产人员和营销人员才能争取客户、增加产出为公司赚钱，其实企业内所有的员工和部门都需要积极行动起来，为公司赚钱。因为任何机构要有盈余，必须依仗开源和节流。不直接与客户打交道的人最低限度也应成为节流高手，否则浪费会使公司到手的利润大打折扣。

如果员工十分明确自己对公司盈亏有义不容辞的责任，就会很自然地留意到身边的各种机会，而且只要积极行动就会有收获。

一个从事鸡蛋销售的员工，进入公司不久，就取得了不错的销售业绩，得到了老板的褒奖。他是这样做的：

在售奶柜台或冷饮柜台前，顾客走过来要一杯麦乳混合饮料。

他微笑着对顾客说，先生，你愿意在饮料中加入 1 个还是 2 个鸡蛋呢？

顾客："哦，1 个就够了。"

这样就多卖出 1 个鸡蛋。在麦乳饮料中加 1 个鸡蛋通常是要额外收钱的。

让我们比较一下，上面那句话的作用有多大。

你：先生，你愿意在你的饮料中加 1 个鸡蛋吗？

顾客：哦，不，谢谢。

可见，积极的行动和赚钱的责任感结合起来是多么重要。

如果你想在竞争激烈的职场中有所发展，成为老板器重的人物，就必须牢记，为公司赚到钱才是最重要的。请立即以此为目标动手改善你的工作。

不计报酬会得到更多

尽管薪水现在已成为了个人隐私，但是职场中的每个人心中都有个薪酬排位顺序表。假如不幸自己位居末流，多数人会感到低人一等，甚至忍无可忍愤然辞职。

道尼斯先生来到一家进出口公司工作后，晋升速度之快，让周围所有人都惊诧不已。一天，道尼斯先生的一位知心好友，怀着强烈的好奇心询问他这个问题。

道尼斯先生听后无所谓地耸了耸肩，用非常简短的话答道：

"这个嘛，很简单。当我刚开始去杜兰特先生的公司工作时，我就发现，每天下班后，所有人都回家了，可是，杜兰特先生依然留在办公室工作，而且一直呆到很晚。另外，我还注意到，这段时间内，杜兰特先生经常寻找员工帮他把公文包拿来，或是替他做些重要的服务。于是，我下了决心，下班后，我也不回家，呆在办公室。虽然没有人要求我留下来，但我说我应该这么做，如果需要，我可为杜兰特先生提供任何他所需要的帮助。就这样，时间久了，杜兰特先生就养成了有事叫我的习惯，这就是事情的经过。"

道尼斯先生这样做是为了薪水吗？当然不是。事实上，他确实没有获得一点物质上的奖赏，但是由于他的付出，他得到了老板的赏识和一个成功的机会。

只为薪水而工作让很多人缺乏更高的目标和更强劲的动力，

也让职场上出现了几种不正常的现象：

应付工作：他们说公司付给自己的薪水太微薄，他们有权以敷衍塞责来报复。他们工作时缺乏激情，以应付的态度对待一切，能偷懒就偷懒，能逃避就逃避，以此来表示对老板的抱怨。他们工作仅仅是为了对得起这份工资，而从来没想过这会与自己的前途有何联系，老板会有什么想法。

到处兼职：为了补偿心理的不满足，他们到处兼职，一人身兼二职、三职，甚至数职，多种角度不停地转换，长期处于疲劳状态。工作不出色，能力也无法提高，最终谋生的路子越走越窄。

时刻准备跳槽：他们抱有这样的想法，现在的工作只是跳板，时刻准备着跳到薪水更好的单位。但事实上，很大一部分人不但没有越跳越高，反而因为频繁地换工作，公司因怕泄露机密等原因，不敢对他们委以重任。由于他们过于热衷跳槽，对工作三心二意，很容易失去老板的信任。

所以，员工若只是专为薪金而工作，把工作当成解决面包问题的一种手段，而缺乏更高远的目光，最终吃亏的可能就是员工自己。在斤斤计较薪水的同时，失去了宝贵的经验，难得的训练，能力的提高。这一切较之金钱更有价值。

而且相信谁都清楚，在公司提升员工的标准中，员工的能力及其所做出的努力，占很大的比例。没有一个老板不愿意得到一个能干的员工。只要员工是一位努力尽职的员工，总会有提升的一日。

所以，员工永远不要惊异某个薪水微薄的同事，忽然提升到重要位置。若说其中有奇妙，那就是他们在开始工作的时候——

得到的与其他同事相同，甚至比其他同事还少的微薄薪水的时候，付出了比其他同事多一倍、甚至几倍的切实的努力，正所谓不计报酬，报酬更多。

假如员工想成功，对于自己的工作，最起码应该这样想：投入职业界，我是为了生活，更是为了自己的未来而工作。薪金的多与少永远不是我工作的终极目标。对我来说，那只是一个极微小的问题。我所看重的是，我可以因工作获得大量知识和经验，以及踏进成功者行列的各种机会，这才是有极大价值的报酬。

事实证明，如果你不计报酬、任劳任怨、努力工作，付出远比你获得的报酬更多、更好，那么，你不仅表现了你乐于提供服务的美德，还因此发展了一种不同寻常的技巧和能力，这将使你摆脱任何不利的环境，无往而不胜。

别想不劳而获

没有任何东西是可以不劳而获的。想获得就得付出，逃避意味着失去。现实是逃不掉的，只有面对。没有勇气去面对困难，只能像逆水行舟一样——不进则退。

在一险恶的峡谷，涧底奔腾着湍急的河流，几根光秃秃的铁索横在悬崖峭壁间，这就是过河的桥。一行四人来到桥头。一个盲人，一个聋子，两个耳聪目明的健全人。四个人一个接一个地抓住铁索，在高空行进。结果呢？盲人、聋子过了桥，一个耳聪目明的人也过了桥，另一个则跌下去，丧了命。

难道耳聪目明的人还不如盲人、聋人吗？

他的弱点恰恰源于耳聪目明。

盲人说：我眼睛看不见，不知山高桥险，宁静地攀索；聋人说：我的耳朵听不见，不闻脚下咆哮怒吼，恐惧相对减少很多。那么其中一个过桥的健全人呢？他的理论是：我过我的桥，险峰与我何干？急流与我何干？只管注意落脚稳固就够了。很多时候，成功就像攀附铁索，失败的原因，不是因为智商的低下，也不是因为力量的薄弱，而是被周围的声势吓破了胆。

不论是体能上的或是精神上的，我们都不能肯定地说自己有足够的能力在特定的场合里从事某种活动。因此，过度紧张的结果，反而是让自己的表现越加失常。

每一件东西都有一个价格，这个观念，在日常生活里是我们所熟悉的。假使我们走进一家自选商店推着购物车往前走，随手把一罐番茄酱、一块乳酪、一节面包、一条腊肉、一袋通心粉放在车上，在出口处，店员会核算一下，这许多东西共值多少钱，然后用一个纸袋装起来，我们付了钱以后，便可带回家去，作为午餐。

生命的天平也是如此，我们把心里的欲望放在天平的一边，另一边就是所付代价的砝码。等天平两边平衡时，你便可以把你要的东西取到。有时候代价似乎很高，可是你记住，不管你的目标是什么，你一定要付相当的代价才能达到这目标。原则很简单也很公正——你要什么都可以，但没有任何东西是不劳而获的。

有意志的人绝不会找任何借口，也不存任何期望，除了努力工作之外，不企望有天上掉馅饼的好事，也不向亲友们哀求，而是靠自己苦干，努力地去创造机会。

不要把团队当成团伙

在公司里，由于你与几位同事合作比较密切，又比较谈得来，于是你们几个人便经常聚在一起。久而久之，你们的情谊越来越深，工作上也只为你们几个人的利益考虑，把公司利益放在一边，甚至为了你们小集体的事而违反公司的规章制度。就这样，在公司其他同事的眼中，你们形成了一个小帮派。

你可能还在为自己的好人缘而高兴，殊不知，你此时已经使老板感到不舒服了。只要你仔细观察一下，就能发现老板不喜欢那些搞小帮派的人。如果你与他们走得太近，你可能就会受到牵连，你必须从小帮派中退出来，否则，一旦老板把你当成小帮派的一员打入黑名单，你就会得不偿失，因为老板对小帮派总有不信任感，对小帮派里的人，会有很多顾虑。他会说小帮派里的人公私难分，如果提拔了圈内的某个人，而与之关系好的哥儿们可能会得到偏爱放纵，对公司的发展不利，对其他员工也不公平。另外，老板会担心小帮派里的人不忠诚。经常聚在一起的人脾气相投，若老板批评其中的某个人或某个人与其他同事发生冲突，这几个人会联合起来对付老板，影响公司团结。再说，即使老板想单独给其中某个人嘉奖或发红包，这个人很可能泄露给圈内的朋友，因为红包不是每个人都有的，其他同事知道后，会说老板不公平。

而且，在小帮派里的人应酬较多，私人事务也增多，很难抽时间加班或学习专业技能。如果在一个办公室，他们可能会在上班时间聚在办公室聊天。所以，在工作中，你一定要注意，千万不能加入已经形成的小帮派，否则，你在公司里的发展前途就基本结束了。

当然，不搞小帮派并不是反对你与人交往，而是要你在公司里建立起正常和谐的人际关系，一般，要注意以下几点：

公私分明。与同事相处，特别要注意公私分明，不能因为跟谁关系好而在公事上带有感情。即使关系好的几个人同在一个办公室，上班时间也要公事公办，不要经常粘在一起聊天说闲话。

团结为重。当你因工作上的事受到老板的批评后，不管老板是对是错，你都不能因一时之气与关系较好的人煽风点火，联合起来对抗老板。而要把团结放在第一位，尽量缓解同事与老板之间的紧张气氛。

扩大交际范围。在公司里，不要把自己的交往对象只限定于三五个同事，而应与公司的所有员工都建立起良好的关系，乐于帮助他们，倾听他们的心声。这样，你就不会被别人误以为在搞小帮派了。处理好人际关系，可以提升你在公司里的名望和地位，吸引老板的目光，为你的发展铺平道路。

不要打越级报告。公司的组织机构是逐级上报的，绝大多数员工都有直属主管、老板。在工作中，越级报告意味着要越过直属主管，直接与老板说明你的看法或争取权益。

通常打越级报告是一种危险的行为，会产生众多不良后果，往往容易伤害到自己。老板不喜欢越级报告，一般会退回原级处理，你无法收到预期效果。这还有可能导致你与直属主管之间关系恶化，因为你这样做明显是对他的不尊重。事后就算他不炒你鱿鱼，也难对你委以重任。你的报告如果被同事们知道了，他们可能会攻击你而使你里外不是人。就算你的报告是非常正确的，你也是破坏了单位的正常运行程序，这会使老板头疼。即使你成功了，他们也会心存芥蒂，说你对他们也可能采取同样的行为。所以，一般情况下，不要打越级报告。

克劳迪就在这方面缺乏经验。当公司安排了一项重要的工作项目之后，部门主管反复考虑，犹豫不决，难以下定决心，拿不出可行的方案。这时克劳迪就越过部门主管，直接向总经理说自己承担这项任务没问题。他的这种做法无疑严重伤害了部门主管的感情。其实，他本应该跟部门主管商量对策，分担他的压力，拿出方案来，这样不仅为部门主管解了忧，也能使部门主管对自己有个好印象。而就在部门主管需要帮助的时候，克劳迪不但没有给予安慰和分忧，反而施加了更多的压力。这种做法使部门主管对他很不满意，事后时间不久，就找了个理由把克劳迪辞退了。

在工作中，员工若是想打越级报告，需要先检视一下自己的动机，是否是为公司利益着想而不是为了个人利益。确认了这一点，员工就能选择正确的做法了。

所以，在工作中员工有什么建议或想法需要打报告时，一定要逐级上报。最好先与直属领导进行沟通，这样才能收到更好的效果。

不要在公司内散播谣言，中伤他人。在公司里，总有一些人嘴巴闲不住，到处乱讲话。他们一有空就会凑在一起，东家长、西家短地说起某部门的坏话或议论同事的私生活。其他员工可能

也会经常参与其中，把自己听到的小道消息四处传播，在背后飞短流长地议论别人。

无论出于什么动机，在背后说人闲话都是一种极不好的风气，既影响公司内部的团结又会引发人际关系危机。人与人之间的交往应该是光明正大、坦诚相见的。即使有意见，也该用正当的渠道传达，而不应该在背后嘀嘀咕咕。

公司是一个整体，各个员工之间只有相互配合，才会有所发展。如果这种说长道短的坏风气在公司弥漫开来，就会出现不团结的裂痕，员工个人的工作也一定会受到影响。

如果员工有背后议论他人的行为，就必须让其有清醒的认识，认识到这样做对己不利，也同样会被别人所厌恶，给人留下坏印象。这时，员工需要把这些行为一一挑出来，或改善或抛弃，并尽量少去接触小道消息。当员工想参与这种议论时，可以自问一下这是真的吗？这样好吗？这样做有必要吗？

作为公司的一员，你应该以公司为中心、以整体团队为中心。这样做对公司、对同事、对你都是有益无害的。

支配老板要得体

所谓支配老板，也就是提出自己对所负责工作的建议，并促使老板同意；或者对老板的指令等提出自己的看法，促使老板修正。如果一个企业里连这样一个建议老板做事的人都没有，企业的发展就成问题；如果有 10 个能真正给老板提建议的人，那么企业就有光明的发展前途；如果有 100 个人能这么做，那企业的发展会更加辉煌。

鲍伦的老板在管理方面有所欠缺。有一次召开会议，鲍伦当众批评老板无能，没资格当老板！老板也不是省油的灯，不动声色地听完批评，脸不红气不喘地站起来说："我能力是有限，既然你比较强，那么这个位置让你来坐好了！"

鲍伦哑口无言，匆忙离开会场。那天深夜，鲍伦打电话道歉，老板也表示出了宽宏大量。然而，老板的职位越来越高，给鲍伦的心理造成了很大的压力。

如果员工得罪了自己的老板，甚至当众辱骂了他，这可是一件很严重的事情。虽然不计前仇的君子不少，但忘不掉当众被辱骂的难堪的凡人更多！所以这件事有以下几个后果：

——不打不相识，反而成为好朋友。但这种几率太少了。

——双方心里都有疙瘩，于是貌合神离。

——冻结员工，不给员工事做，在工作上孤立员工。

所以，有意见要和老板沟通，要做到礼貌谦恭，心有不服也不能当众羞辱主管，你得罪老板只会让你显得不成熟，缺乏理性。

然而，只要你是上班族中的一员，就会长久地处于人际关系里，难免有时会得罪老板。但不管谁是谁非，得罪老板无论从哪个角度来说都不是件好事，只要你还不想调离或辞职，就不可陷入僵局，否则在这样的环境里工作你不仅不愉快，而且还可能会影响你的前程。所以你有必要提醒自己不可一时冲动，而要理智地处理，为自己留下回旋的余地。

不论你出于何种原因得罪了老板，难免都会产生消极情绪，

也想向人倾诉，这样做的结果其实并不好。如果失误在于老板，同事对此都不好表态，他们也不愿意介入你与老板的争执；假如是你自己造成的，他们也不忍心再说你的不是，往你的伤口上撒盐。所以，当你得罪老板后，不要指望得到人们的理解，最好的办法是自己清醒地理清问题的症结，找出合适的解决方式。

即使你受到了极大的委屈，也不可把这些情绪带到工作中去，如果你以为自己是对的，等着老板给自己一个说法，这样，正常的工作就会被打断。而有些人以不做工作胁迫老板，这是极不理智的行为，只会使自己今后的处境更为难堪。

当你控制住了自己的情绪后，下一步就是要消除你与老板之间的隔阂。因为你还要与老板相处，如果相互之间心里存有敌意，会给你今后的发展带来负面的影响，所以最好自己主动伸出橄榄枝。

如果是你错了，你就要有认错的勇气，找出造成自己与老板冲突的症结，向老板做解释，并对其表示适当的恭维，表明自己在以后工作中会以此为鉴，希望继续得到老板的关照。

假若是老板的原因，那你未必需要那么郑重其事地向其汇报，可以找个适当的时间和场合，在较为宽松的时候，以婉转的方式，把自己的想法与他沟通一下，你也可以以一时冲动或方式欠佳等原因，无伤大雅地请求老板宽容。这样既可以达到相互沟通的目的，又可以给他提供一个体面的台阶下，有益于恢复你与老板之间的良好关系。

第五章 | 成功
是团队智慧的结晶

有团队精神的员工就是不自私而能为团体着想的员工。应该明白，所有成绩的取得，都是团队共同努力的结果。只有把个人的实力充分地与团队形成合力，才具有价值和意义。团队精神是现代企业最重要的一种精神。

团队双赢模式

团队内人际关系的模式可归纳为五大类：

一、利人利己（赢／赢）；二、损人利己（输／赢）；三、损己利人（输／赢）；四、两败俱伤（输／输）；五、独善其身（赢）。

利人利己（赢／赢）

为自己着想不忘他人的权益，谋求两全其美之策，这种关系自然令人满意，乐于合作。利人利己者把生活看作一个合作的舞台，而不是一个角斗场。不过一般人看事情多用二分法：非强即弱、非胜即败。这种思维方式的基础是力量和地位，而非原则。其实世界之大，人人都有足够的立足空间，他人之得不必就视为自己之失。

损人利己（输／赢）

秉持员工输我赢观念的人，难免会运用本身的权势、财力、背景或个性来压迫别人，达到目的。

大多数人从小就浸淫在损人利己的观念中。在家里，手足之间有高下之分，乖孩子会获得更多宠爱与特权。这岂不正是告诉儿童：爱是有条件的，要得到父母的爱，就得与兄弟姊妹竞争。

年龄稍长，同行团体更是以成败论英雄，而在朋友间的地位最受青少年重视。

学校教育也是以分数、名次定优劣，必须有成绩差的学生才能衬托出名列前茅者的光彩。至于个人的潜能究竟发挥了多少，并不重要。教育以竞争为风尚，所谓合作往往只是假象。

运动比赛也强化竞争的观念，提醒观众与选手。人生同样是一场游戏，必须分出胜负，而且唯有击败别人才能成就自己。

法律则硬把人区别为敌对双方，打官司就为分出我是你非。所幸，目前司法界鼓励当事人庭外和解，这表示兼顾双方利益的观念已逐渐受到重视。

的确，人生不可能处处笼罩在竞争的气氛下。如果随时随地不忘与配偶、子女、同事、邻居……一决，生命将多么可怕。因此，唯有互助合作才能增进幸福。

损己利人（输／赢）

有些人生性消极，习于委曲求全，这比损人利己的想法更要不得。这种人无所求，无所欲，也没有原则，只急于讨好别人，容易受人左右。他们不敢表达自己的意见或感受，深恐得罪人，唯有借别人的接纳来肯定自我，这种习性正中损人利己者的下怀。

可是被压抑的情感并不会消失，累积到一定程度后，反而以更丑恶的方式爆发出来，有些精神疾病就是这样造成的。

若是一味压抑，不能把愤怒情绪加以升华，自我评价将日趋低落。到最后依然会危及人际关系，使原先委曲求全的苦心付诸流水，得不偿失。

一般人通常在损人利己和损己利人两个极端之间摇摆。低姿态摆久了，心有未甘，就换上咄咄逼人的态势。久而久之，又觉得有内疚感，便重抬与人为善之心。但总有一天忍无可忍，再度恢复高姿态。

两败惧伤（输／输）

两个顽固、互不相让且过分自我为中心的人在一起，注定会两败俱伤。我认识一对离异的夫妇，丈夫奉法官之命出售财产，把所得分一半给前妻。为了报复，他宁可把市价1万多美元的汽车，贱卖到50美元，好让妻子只得25美元。妻子向法院抗议才发现，丈夫把所有的财产都廉价出售。

为了报复，不惜牺牲自身的利益，却不问是否值得；这只有不够成熟、掌握不了人生方向的人，才会这样。

独善其身（赢）

又有一种人，利己但不一定损人。各人自扫门前雪，休管他人瓦上霜，重要的是要得到自己想要的东西。当不涉及竞争时，这种想法相当普遍。

若问以上五种观念，何者正确？答案是：视情况而定。

在运动场上自然要分出高下。推广业务时，两个不相关的责任区也不妨彼此竞争，以刺激业绩。但是需要群策群力的工作，就不能用百慕大式的策略了。

假使你十分珍惜与重视某一人际关系，而牵涉的问题又无足轻重，那么偶尔放低姿态表示重视对方，也无可厚非。或者为了更崇高的目标，不值得在细节上计较，那么退一步又何妨？

由此可见，人际关系也需因事制宜。不过一般而言，利人利己的原则还是最行得通的。

团结可以发挥最大的力量

双赢合作就是创造性合作。很可惜，一般员工处理人际关系时，浪费太多的时间精力在打击批评、玩弄手段、文过饰非或是曲解他人。仿佛一脚踏着油门，另一脚踩着刹车，车子还能开得稳吗？

分歧发生时本当及时刹车，但许多人反而猛踩油门，施加更大压力，为自己找更多理由来自圆其说，这都是不够合作的表现。不论是仗势欺人，损人利己，或企图讨好别人而损己利人，都不可能产生创造性合作。

创造性合作必须尊重差异。人们往往坚持己见，一意孤行，处处要别人顺从与附和。他们不了解，人际关系最可贵的正是接触不同的观点。一致并不代表团结，相似也不意味齐心；团结才能互补，合作应该尊重差异。

创造性合作不仅对团队人际关系非常重要，对个人也十分重要。凡擅长语言逻辑，即左脑较为发达的人终会发现，有些需要创造力来解决的问题，理性是无能为力的。唯有运用久已闲置的右脑，使右脑主司的直觉和创造力与左脑相配合，共同运作，才能解决更多的难题。

心理学家说，左脑主司理性，右脑主司感情。一位公司总经理对他妻子说："亲爱的，我知道你觉得我应该更细心更体贴些。可不可以说得具体些，你说我该做些什么？"这位丈夫的左脑希望得到事实、数字和细节。

"我早就说过了，不是因为什么具体的事，而是出于我的一

种总的感觉。"这位妻子的右脑提供感觉和概况。

"什么是'总的感觉'？你究竟希望我做什么？说具体些我好有点数。"

"啊，那只是一种感觉。"她的右脑只接受印象和直观的感觉。"我只不过觉得我们的婚姻并不像你对我说的那么重要。"

"那我能做些什么使它变得更重要？告诉我一些具体的、特别该做的事。"

"它很难言说。只是一种感觉，一种非常强烈的感觉。"

总经理说，"亲爱的，这就是你的问题了，你母亲也有这样的问题。事实上，我所认识的每一位女士都有类似的问题。"

然后，他开始用法庭里的口吻讯问妻子。

"你是否住在你愿意住的地方？"

"不是这个问题。"她叹了口气说，"根本就不是这个问题。"

"我知道。"他耐着性子，"因为你不确切告诉我原因何在，我要知道它是什么的最好办法就是搞清楚它不是什么。你是否住在你愿意住的地方？"

"我想是吧。"

"只要简单回答'是'或'不是'。你是否住在你愿意住的地方？"

"是。"

"那好，这个问题解决了。你是否得到了你想得到的东西？"

"是。"

"好。你是否能做你想做的事？"

他们就这样一问一答。每天如此。总经理说。

妻子叹了口气，说，"我们的婚姻就是这个样子。"

这是两个生活在一起，但各自只有半个头脑的人。但他们却有两个孩子。

实际上，他们是协同的。1+1一般等于2，但他们却做到了等于4。这就是协同作用：整体大于各部分之和。他们一定做到了尊重差异。

与人合作最重要的是，重视不同个体的不同心理、情绪与智能，以及个人眼中所见到的不同世界。

自以为是的人总以为自己最客观，别人都失之褊狭，其实这才是画地为牢。

反之，虚怀若谷的人承认自己有不足之处，而乐于在与人交往之中汲取丰富的知识见解，重视不同的意见，因而增广见闻。此所谓三人行，必有我师焉。

至于完全矛盾的两种意见同时成立，是否合乎逻辑？问题不在于逻辑，而是心理使然。有些矛盾的确可以并存，同一景象会引起互相矛盾的诠释，而且都言之成理。

假如两人意见相同，其中一人必属多余。与所见略同的人沟通，毫无益处，要有分歧才有收获。

个别差异的重要性从教育家李维斯（R. H. Reeves）的著名寓言《动物学校》（《The Animal School》）中可见一斑：

有一天，动物们决定设立学校，教育下一代应付未来的挑战。校方制定的课程包括飞行、跑步、游泳及爬树等本领，为方便管理，所有动物一律要修全部课程。

鸭子游泳技术一流，飞行课的成绩也不错，可是跑步就无计可施。为了补救，只好课余加强练习，甚至放弃游泳课来练跑。

到最后磨坏了脚掌，游泳成绩也变得平庸。校方可以接受平庸的成绩，只有鸭子自己深感不值。

兔子在跑步课上名列前茅，可是对游泳一筹莫展，甚至精神崩溃。

松鼠爬树最拿手，可是飞行课的老师一定要它自地面起飞，不准从树顶下降，弄得它神经紧张，肌肉抽搐。最后爬树得丙，跑步更只有丁等。

老鹰是个问题儿童，必须严加管教。在爬树课上，它第一个到达树顶，可是坚持用最拿手的方式，不理会老师的要求。

到学期结束时，一条怪异的鳗鱼以高超的泳技，加上能飞能跑能爬的成绩，反而获得平均最高分，还代表毕业班致词。

另一方面，地鼠为抗议学校未把掘土打洞列为必修课，而集体抵制。它们先把子女交给学校做学徒，然后与土拨鼠合作另设学校。

创造性合作必须化消极为积极。在互赖关系中，统合综效是对付阻挠成长与改变的最有力途径。社会学家莱温（Kurt Lewin）曾以力场分析（Force Field AndYs）模型，来描述鼓励向上的助力与阻挠上进的阻力，如何呈互动或平衡的状态。

助力通常是积极、合理、自觉、符合经济效益的力量；相反地，阻力多半消极、负面、不合逻辑、情绪化、不自觉、具社会性与心理性因素。

以家庭为例，根据理智判断，家中气氛应该和谐、开放与尊重，认同这种观念便是助力。但仅加强助力还不够，诸如子女间的竞争、夫妻间的失和，或工作忙碌无暇顾及家庭等阻力，会抵消正面的力量。

不设法削减阻力，只一味增加助力，就仿佛施力于弹簧上，终有一天引起反弹。几经努力失败后，就会引起改进不易的感叹。

如果能配合双赢的动机、同心理的沟通技巧与统合综效的整合功夫，不仅可破解阻力，甚至可化阻力为助力。

一个律师曾经多次参与谈判，由于双方心怀怨愤，结果沟通越发困难，几乎只能对簿公堂。此时这个律师都会建议，我们是否能设法找出两全其美之计呢？当事人往往口头上认同，心里却不以为然。如果再问，假设我能说服对方，你是否同意重新开始真正的沟通？通常答案都是肯定的。

经过这个律师居中努力，结果几乎都出人意料，几个月来在心理与法律上对立的难题，可在数小时或数日内完全解决。不是经由法院判决妥协，而是统合综效后产生更理想的方案。

有一天清早，这个律师接到一位土地开发公司负责人的求救电话。由于他未按时缴纳贷款，银行打算没收抵押的土地；为了保护产权，他又反控银行。事情的症结在于：这位负责人需要更多资金完成土地开发，以便出售求现，再偿还贷款。但在他付清积欠款项前，银行拒绝再提供贷款。这是个鸡生蛋，还是蛋生鸡的问题。

另外，由于开发进度落后，附近居民纷纷抗议，市政府也倍感尴尬。此时银行与开发公司均已投下成千上万的诉讼费，但距开庭还有好几个月。

经过电话中一番劝说，开发公司勉强同意，安排与银行方面谈判。

早上 8 点在银行会议室展开的会议，一开始就剑拔弩张。对方的律师关照谈判人员不可说话，由他一人发言，以免影响将来

打官司的立场。

前1个半小时，由这个律师讲述双赢思维、知彼解己与统合综效等观念。然后根据初步了解，把银行方面的顾虑写在黑板上。起先对方没有什么反应，逐渐地，他们开始加以澄清，双方终于可以沟通了。对于此事可能和解，彼此都感到十分兴奋。银行谈判人员不顾律师反对，畅所欲言。

到后来虽然双方立场不变，但不再急于为自己辩护，也愿听听对方的说法，于是这个律师又把土地开发公司的意见写上黑板。

彼此逐渐发现过去由于沟通不良，引起极大的误会。现在心结既已打开，和解指日可待。

正午时分——原定结束会议的时间，会场上讨论气氛却异常热烈，开发公司所提的建议正获得热烈回应。经过一番增删，到了12点45分，双方完成初步协议。这项谈判后来虽然又持续了一段时间，但官司已经撤回，那片土地上总算盖起了一栋栋新房。

此例并非表示，不该按法律途径解决问题。有时的确有此必要，但应是万不得已的做法。假若一开始就诉诸法律，即使是为了以防万一，也会破坏合作解决问题的契机。

创造性合作必须重视个人参与。自然界是一个唇齿相依的大家庭，宇宙万物彼此关联，团结可以发挥最大的力量。动物如此，人类也是如此。

个人的参与左右着集体的成败。愈是真诚地投入，锲而不舍地参与解决问题，愈能发挥个人创造力，所获成就也更能得到认同。日本人的经营方式改变了全球市场，最了不起之处即在于重视个人参与。

统合综效是正确有效的原则，也是前面所有习惯的集大成。他人的观念或统合综效的过程，固然不是我们所能控制的，但仍有许多个人影响是所能企及的。就自身而言，我们可以整合左右脑各自所擅长的分析与创造能力，并凭借其间的差异来刺激创新。

即使在最不利的环境中，依然可进行内心的整合。不必太在意旁人的诋毁，应该化解负面的阻力，发掘别人的长处以弥补自己的不足，在僵持不下的局面中，寻找第三种可能性。

学会感恩

建立团队精神必须有感恩心理。感恩既是一种良好的心态，又是一种奉献精神，当你以一种感恩图报的心情工作时，你会工作得更愉快会工作得更出色。

我们常常为一个陌路人的点滴帮助而感激不尽，却无视朝夕相处的老板的种种恩惠。这种心态总是让他们把公司、同事对自己的付出视为理所当然，还时常牢骚满腹、抱怨不止，也就更谈不上恪守职责了。

你的成长，要感谢父母的恩惠，感谢国家的恩惠，感谢师长的恩惠，感谢同事的恩惠，感谢大众的恩惠。感恩不但是美德，感恩是员工之所以为人的基本条件！不要忘了感谢你周围的人，你的老板和同事。感谢给你提供机会的公司。你是否曾经想过，写一张字条给老板，告诉他你是多么热爱自己的工作，多么感谢工作中获得的机会。

有一个编辑得了奖，除了新闻局颁发的奖金之外，老板另外给了他一个红包，并且当众表扬他的工作成绩。但是他并没有感谢老板和同事们的协助，更没有把奖金拿出一部分请客，虽然大家表面上不说什么，但心里却感到不舒服。

后来，杂志社里的同事，包括他的老板和员工，都在有意无意间和他作对。

你是不是感觉，这个人的同事怎么这么狭隘啊！其实这便是真实的人性。这份杂志之所以能得奖，他的贡献最大，但是当有好处时，别人并不会说谁是唯一的功臣，总是说自己没有功劳也有苦劳，为什么只有这个人独享荣耀。所以，自然而然地就引起别人的不舒服了。

你应该从中明白，当你在工作上有特别表现而受到肯定时，千万记得——别独享荣耀，否则这份荣耀会给你带来人际关系上的危机。这些都是经验之谈，你千万不可忽视。

如果有一天你得到了荣耀，为了让这份荣耀能给你带来帮助和利益，有几件事你必须做。

——感谢。感谢同仁的协助，不要说这都是自己的功劳。尤其要感谢老板，感谢他的提拔、指导和授权。

——分享。主动地分享会让旁人有受尊重的感受，如果你的荣耀是众人协力完成的，那么你更不应该忘记这一点。

——谦卑。人往往一有了荣耀，就忘了我是谁，而自我膨胀，这种心情是可以理解的，可是慢慢地，你就会不断地碰钉子。

别独享荣耀，说穿了就是不要威胁到别人的生存空间，因为你的荣耀会让别人变得暗淡，产生一种不安全感，而你的感恩心理，正好让旁人吃下一颗定心丸。人性就是这么奇妙，并不是一些言语就可以道破的。

成功守则中有条黄金定律：待人如己。也就是凡事为他人着想，站在他人的立场上思考。你是一名员工时，应该多考虑老板的难处，给老板一些同情和理解；当自己成为一名老板时，则需要考虑员工的利益，对他们多一些支持和鼓励。

员工为老板工作，说老板太苛刻。老板为自己工作，却觉得员工太懒惰，太缺乏主动性。其实，什么都没有改变，改变的只是看待问题的方式。

在职场中不管做任何事，都要把自己的心态回归到零。把自己放空，抱着学习的态度，将每一次都视为是一个新的开始，是一次新的经验，不要计较一时的待遇得失。一旦做好心理建设，拥有健康的心态之后，不论做任何事都能心甘情愿、全力以赴，当机会来临时才能及时把握住。千万不要觉得工作像鸡肋食之无味，弃之可惜，结果做得心不甘情不愿，心存怨愤。

感恩的心情基于一种深刻的认识。公司为员工提供了一个广阔的发展空间，公司为员工提供了施展才华的场所，员工对公司为员工所付出的一切，都要心存感激，并力图回报。

回报公司对员工的这些厚爱，只需要员工做到一点：忠诚。

员工要喜爱公司赋予员工的工作，全心全意、不留余力地为公司增加效益，完成公司分派给员工的任务。同时注重提高效率，多替公司的发展规划构思设想。

员工必须一切从大局出发。当员工遭遇到不公平待遇时，请相信这只是公司管理阶层的暂时失误，甚至是公司对员工的检测

和考验。当公司的某些制度和员工基本利益冲突时，员工一定要正确理解这一切，充分相信公司的智慧和眼光。甚至在公司面临暂时的经济困难时，员工也要想办法帮助公司渡过难关。感恩不仅对公司老板有益，对其他人也同样有益，通过感恩，员工会发现，感恩是内心情感的自然流露，它使员工更积极，更有活力。

千万不要忘了你身边的人。你的老板，你的同事，他们是了解你的，支持你的，你要亲口说出对他们的谢意，并用良好的工作回报他们，这样不仅能得到他们更多的信任和支持，还能给公司带来更强大的凝聚力，于你于公司都有益处，何乐而不为呢？

当人满怀感激，忠心地为公司工作时，老板一定会为你设计更辉煌的前景。

感恩改变人生

一位成功的职业人士曾说，是一种感恩的心情改变了我的人生。当我清楚地意识到我无任何权利要求别人时，我对周围的点滴关怀都怀抱强烈的感恩之情。我竭力要回报他们，我竭力要让他们快乐。结果，我不仅工作得更加愉快，所获帮助也更多，工作更出色。我很快获得了公司加薪升职的机会。

每一份工作或每一个工作环境都无法尽善尽美。但每一份工作中都存有许多宝贵的经验和资源，如失败的沮丧、自我成长的喜悦、温馨的工作伙伴、值得感谢的客户等等，这些都是事业成功必须学习的感受和必须具备的财富。如果你能每天怀抱着一颗感恩的心情去工作，在工作中始终牢记拥有一份工作，就要懂得感恩的道理，你一定会收获许多。

普通办事员晓静在谈到她破例被派往国外公司考察时说：我和他虽然同样都是研究生毕业，但我们的待遇并不相同，他职位高一级，薪金高出很多。庆幸的是，我没有因为待遇不如人就心生不满，仍是认真做事。当许多人抱着多做多错、少做少错、不做不错的心态时，我尽心尽力做好我手中的每一项工作。我甚至会积极主动地找事做，了解主管有什么需要协助的地方，事先帮主管做好准备。因为我在上班报到的前夕，父亲就告诫我三句话："遇到一位好老板，要忠心为他工作；假设第一份工作就有很好的薪水，那你的运气很好，要感恩惜福；万一薪水不理想，就要懂得跟在老板身边学本事。"

我将这三句话深深地记在心里，自己始终秉持这个原则做事。即使起初位居他人之下，我也没有计较。但你的努力，别人是会看在眼里的。在后来挑选出国考察学习人员时，我是唯一一个资历浅、级别低的办事员。这在公司里是极为少见的。

带着一种从容坦然、喜悦的感恩心情工作吧，你会获取最大的成功。

感恩是美德

同情和宽容是一种美德。如果我们能设身处地为老板着想，怀抱一颗感恩的心，或许能重新赢得老板的欣赏和器重。退一步来说，如果我们能养成这样思考问题的习惯，最起码我们能够做到内心宽慰。

感恩已经成为一种普遍的社会道德。然而，人可以为一个陌路人点滴帮助而感激不尽，却无视朝夕相处的老板、同事的种种

恩惠。将一切视之为理所当然，视之为纯粹的商业交换关系，这是许多公司员工之间关系紧张的原因之一。的确，雇用和被雇用是一种契约关系，但是在这种契约关系背后，难道就没有一点同情和感恩的成分吗？老板和员工之间并非是对立的，从商业的角度，也许是一种合作共赢的关系；从情感的角度，也许有一份亲情和友谊。

员工如果曾经想过，写一张字条给老板，告诉他你是多么热爱自己的工作，多么感谢工作中获得的机会。这种深具创意的感谢方式，一定会让他注意到你，甚至可能提拔你。感恩是会传染的，老板也同样会以具体的方式来表达他的谢意，感谢你所提供的服务。

我们都获得过别人的帮助和支持，应该时刻感谢这些帮助你的人，感谢上天的眷顾。

感恩是动力

感恩心理不仅仅是一种道德法则，它还是一种动力，能推动整个工作环境的改善。当员工试着待人如己，多替老板着想时，员工身上就会散发出一种善意，影响和感染包括老板在内的周围的人。这种善意最终会回馈到员工自己身上。如果今天员工从老板那里得到一份同情和理解，很可能就是以前员工在与人相处时遵守这条黄金定律所产生的连锁反应。

其实，经营管理一家公司或一个部门是件复杂的工作，会面临种种烦琐的问题。来自客户、来自公司内部巨大的压力，随时随地都会影响老板的情绪。要知道老板也是普通人，有自己的喜怒哀乐，有自己的缺陷。他之所以成为老板，并不是因为完美，而是因为有某种他人所不具备的天赋和才能。因此，首先我们需要用对待普通人的态度来对待老板。

许多人总是对自己的老板不理解，说他们不近人情、苛刻，甚至说可能会阻碍有抱负的人获得成功。不但对老板，对工作环境，对同事，对公司，总是有这样那样的不满意和不理解。

现在的一些年轻人，自从来到尘世间，都是受父母的呵护，受师长的指导。他们对世界未有一丝贡献，却牢骚满怀，抱怨不已，看这不对，看那不好，视恩义如草芥，只知仰承天地的甘露之恩，不知道回馈，由此足见内心的贫乏。

现代一些中年人，虽有国家的栽培，老板的提携，自己尚未能发挥所长，贡献于社会，却也不满现实，诸多委屈，好像别人都对他不起，愤愤不平。因此，在家庭里，难以成为善良的家长；在社会上，难以成为称职的员工。

羔羊跪乳，乌鸦反哺，动物尚且感恩，何况我们作为万物之灵的人类呢？我们从家庭到学校，从学校到社会，重要的是要有感恩之心。

不要忘了感谢你周围的人、你的老板和同事，感谢给你提供机会的公司。因为他们了解你、支持你。大声说出你的感谢，让他们知道你感激他们的信任和帮助。请注意，一定要说出来，并且要经常说！这样可以增强公司的凝聚力。团队精神就此形成。

永远都需要感谢。推销员遭到拒绝时，应该感谢顾客耐心听完自己的解说，这样才有下一次惠顾的机会。老板批评员工时，员工应该感谢他给予的种种教诲。感恩不花一分钱，却是一项重大的投资，对于未来极有助益！

感恩来自内心

真正的感恩应该是真诚的，发自内心的感激，而不是为了某种目的，迎合他人而表现出的虚情假意。与溜须拍马不同，感恩是自然的情感流露，是不求回报的。一些人从内心深处感激自己的老板，但是由于惧怕流言蜚语，而将感激之情隐藏在心中，甚至刻意地疏离老板，以表自己的清白。这种想法是何等幼稚啊！

感恩并不仅仅有利于公司和老板，对于个人来说，感恩是丰富的人生。它是一种深刻的感受，能够增强个人的魄力，开启神奇的力量之门，发掘出无穷的智能。感恩也像其他受人欢迎的特质一样，是一种习惯和态度。

感恩和慈悲是近亲。时常怀有感恩的心，员工会变得更谦和、可敬且高尚。每天都用几分钟时间，为自己能有幸成为公司的一员而感恩，为自己能遇到这样一位老板而感恩。

"谢谢你，我很感激你"，这些话应该经常挂在嘴边。以特别的方式表达你的感谢之意，付出你的时间和心力，为公司更加勤奋地工作，比物质的礼物更可贵。

当员工的努力和感恩并没有得到相应的回报，当你准备辞职调换一份工作时，同样也要心怀感激之情。每一份工作、每一个老板都不是尽善尽美的。在辞职前仔细想一想，自己曾经从事过的每一份工作，多少都存在着一些宝贵的经验与资源。失败的沮丧、自我成长的喜悦、严厉的老板、温馨的工作伙伴、值得感谢的客户……这些都是人生中值得学习的经验。如果你每天能带着一颗感恩的心去工作，相信工作时的心情自然是愉快而积极的。

工作赋予我们共同愿景

　　每一个企业都应该对自己的员工进行共同愿景的教育，每一个员工都应该唤起对自己的岗位和公司的共同愿景。如果一个员工对自己的工作与公司有强烈的共同愿景，对自己的工作引以为荣，对自己的公司引以为荣，他必定会焕发出无比的工作热情。在争取共同愿景。创造共同愿景、捍卫共同愿景、保持共同愿景的过程中，我们个人也不知不觉地融入到了集体之中，获得了更好的发展。

　　一个没有共同愿景的团队是没有希望的团队，一个没有共同愿景的员工不会成为一名优秀的员工，正是共同愿景，让我们与那些至今仍没有做出什么成绩的人区别开来。

　　在现代企业文化中，共同愿景始终处于优先的地位，公司将共同愿景看得至高无上。

　　员工应视共同愿景为生命，任何有损企业共同愿景的语言和行为都应该绝对禁止。同样，如果一个员工对自己的工作有足够的共同愿景，对自己的工作引以为荣，对自己的公司引以为荣，他必定会焕发出无比的工作热情。每一个企业都应该对自己的员工进行共同愿景的教育，每一个员工都应该唤起对自己的岗位和公司的共同愿景。可以说，共同愿景是团队的灵魂。这样的训练和要求，会在无形中培养员工的参与意识。一个优秀的员工是不能不对自己的工作、对自己所效力的企业的共同愿景有一个全面

清楚的了解的。

如果一个员工心里没有共同愿景，即使有千万种规章制度或要求，他可能也不会把自己的工作做到完美，他可能会对某些要求不理解，或说是多余而觉得厌倦、麻烦。

成绩可以创造共同愿景，共同愿景可以让员工获得更大的成绩。一个和公司没有共同愿景的员工，能成为一个积极进取、自动自发的员工吗？如果不能认识到共同愿景的重要性，不能认识到共同愿景对员工自己、对员工的工作、对员工的公司意味着什么，又怎么能指望这样的员工去争取共同愿景、创造共同愿景呢？

事实上，只要我们尽职尽责，努力工作，工作同样会赋予我们共同愿景。我们工作的目的绝不仅仅是为了每月有一份不错的薪水，或者是为了有一份可以谋生的职业，我们还追求一种认同感、归宿感和成就感，而这一切都建立在共同愿景的基础之上。只有这种共同愿景，才能让我们对待工作全力以赴，才能让我们自觉地远离任何借口，远离一切有损于公司和工作的行为。在争取共同愿景、创造共同愿景、捍卫共同愿景、保持共同愿景的过程中，我们个人也不知不觉地融入到了集体之中，获得了更好的发展。

诚实能赢得他人的敬重和信任

诚实很重要，和做正确的事一样重要。不管是什么时候，也不管是在什么情况下，诚实都能让你赢得他人的敬重和信任。

诚实是一种美德

从前，有一个贤明而受人爱戴的老国王；他没有子嗣，眼看王位无人可继，他便昭告天下："我要亲自在国内挑选一名诚实的孩子做我的义子。"

他拿出许多花的种子，分发给每个孩子说："谁用这种子培育出最美丽的花朵，那孩子就是我的继承人。"

所有的孩子都在大人的帮助下，播种、浇水、施肥、松土，照顾得十分细心。其中有一个叫雄日的男孩子，他整天用心培育花种。但是，10天过去了，半个月过去了……花盆里的种子并没有发芽。雄日很纳闷，就去问母亲。他母亲说，你把花盆里的土壤换一换，看看行不行？雄日换了新的土壤，又播下了种子，但仍不见发芽。

国王规定献花的日子到了，其他孩子都捧着盛开鲜花的花盆涌上街头，等待国王的奖赏。只有雄日站在店铺的旁边，双手捧着没有花的花盆，站在一旁流泪。

国王见了，便把他叫到面前问道："你为什么端着空花盆呢？"雄日诚实地将他如何用心培育，而种子却不发芽的经过告诉了国王。

国王听完，满心欢喜地拉着雄日的双手说："你就是我忠实的儿子。因为我发给大家的种子都是煮熟了的，根本就发不了芽开不了花。"

因为诚实，雄日成了国王的继承人。

雄日能得到王位，在于他的诚实。诚实是一种美好的品德，

几乎所有的老板都把诚实作为评定员工的重要标准。

一个公司招聘员工，面试时总经理出了这样一道算术题：十减一等于几？

有的应试者说，你想让它等于几，它就等于几。还有的说，十减一等于九，就是消费；十减一等于十二，那是经营；十减一等于十五，那是贸易。

只有一个应试者回答：等于九。结果这个老实人被录用了。

如果是你，你会怎么回答？

是不是感觉轻易说出这个答案，会显得自己很愚蠢，智商低？

在现实生活中，的确有人把诚实视为愚蠢。一个简单的问题，被千奇百怪的答案搞得十分离奇。

人们往往会给自己套上繁重的枷锁，使原本应该轻松的生活变得沉重，而这种自作聪明的做法，往往使人啼笑皆非。

但并非凡事都简单化。生活的宗旨应该是：不要把复杂的问题看得过于简单，也不要把简单的问题看得过于复杂。实事求是地回答自己说正确的问题，代表的是一种做事的态度，而这种态度可以让员工更接近成功。

从另一个方面讲，这个故事也告诉你要自信，敢于相信自己的判断，千万别让虚伪的表象蒙蔽你的心灵。

如果你不诚实，不讲信用，他人自然不会对你产生信任，反而多了几分戒心。试想，有哪一个老板愿意自己的部属不诚实呢？不受老板重用的你又怎能成功呢？

诚实是一种美德，对别人诚实才能获得别人的信任和尊敬，否则便一事无成。

阿瑟·项伯拉托里是一家大型航运公司的董事长。他10岁的那个夏天，正值经济大萧条的1935年，他跟着一辆密封式运货小卡车，每天向100多家商店送特制食品。在炎热的天气里，干几个小时的报酬只是一块腊肉三明治、一瓶饮料和50美分的现金。但由于这是他的第一份工作，所以他说辛苦一些也是正常的。

在不送货的日子里，他便到一家偏僻的糖果店干活，一次扫地时，他看见桌子下有15美分，便捡起来交给店主。店主拍拍他的肩膀说，他是有意将钱扔在那儿，要试试他是否诚实。阿瑟·项伯拉托里在整个高中阶段都为这位老板干活。他绝不会忘记，是诚实让他保住了当时非常难找的那份工作，也正是诚实成为了他后来创办事业且兴旺发达的关键。

诚实不仅有道德价值，而且还蕴含着巨大的经济价值和社会价值。一个诚实的员工，能给他人以信赖感，让老板乐于接纳，在赢得老板信任的同时，更为自己的职业生涯带来莫大的益处。

与此相应，失去了诚实，就失去了一切成功的机会。一个不诚实的人，将会失去朋友，失去客户，失去工作，因为谁也不愿意与一个不诚实的人共事、打交道。

不诚实的员工，老板可能因一时之需仰仗你的才能，一旦失去利用价值，纵然你才华横溢，也会逐你出门。因为不诚实的人始终是一个潜在的危险和威胁，老板岂敢重用。

诚实就犹如一股清新的空气，越是在充满奸诈险恶的公司里，这股诚实之风越显其清新，有这种品德的员工为老板所赏识并受之信任和重用。

第五章　成功是团队智慧的结晶

诚实是一种自信

员工要有团队精神，重要的是要相信自己，要敢于对自己说，我行！我坚信自己可以的！我是世界上独一无二的人！就像释迦牟尼佛诞生时，一手指天，一手指地，说：天上天下，唯我独尊。

常言道，世上无难事，只怕有心人。没有翻不过的山，也没有越不过的河。只是因为不相信自己能力的人多了，世界上才有了困难这个词语。

每个人在一生之中，或多或少总会怀疑自己，或自觉不如人的时候。

研究自我形象素有心得的麦斯维尔·马尔兹医生曾说过，世界上至少有95%的人都有自卑感，为什么呢？电视上英雄美女的形象也许要负相当大的责任，因为电视节目对人的影响实在太大了。

有些人的问题就在于太喜欢拿自己和别人比较了。其实，你就是你自己，根本不需要拿自己和其他人比较。你不比任何人差，也不一定比任何人好。每个人都是独一无二，不与任何其他人雷同的。你不必拿自己和其他人比较来决定自己是否成功，应该是拿自己的成就和能力来决定自己是否成功。

拿破仑·希尔指出：在每一天的生活中，如果你能够尽力而为、尽情而活，你就是第一名！

这个世界上有一件事是很重要的，那就是自己瞧得起自己，至于别人怎么说反而是一件无足轻重的琐事。生活中如此，工作上也一样。只要好好干，是金子总会发光的。

王亮原来在某公司的营销部当经理。一天他突然接到人事部门的调令，调他去供应部当经理。在公司，供应部的地位哪里会比得上营销部呢？王亮心想如此一调，不就是明摆着对自己不满意嘛，看来前途不妙。以前王亮从事销售工作，整天往外跑，很合乎他的个性，如今，要他整天呆在办公室里搞物资调动，和那些器材报表打交道，实在是有些受不了。开始的时候，王亮一直闷闷不乐，心灰意冷。后来他自己忽然想到一个问题：为什么我以前对自己信心十足，当上了供应部经理后就没有了呢？他思之再三，突然领悟过来，这是因为我自己的期待值无形中随着部门的调动而降低了，我失去了自我上进的动力。于是，他开始把精力投入新的工作，慢慢地发现供应部也有自己的用武之地。而且，供应部对整个公司来说，起着举足轻重的作用，只是大家平时把它忽略了而已。王亮重新找到了工作的意义，一改以往消极拖沓的作风，变得充满自信，工作起来如鱼得水，得心应手。他的积极态度也感染了其他人。

由于他出色的工作成绩，供应部获得总公司颁发的两次特别奖金。不久，王亮收到一张人事调令，他被提升为公司的副总经理。

在生活中，我们应该有一种适应环境、改造环境的积极心态，而不要一味地在自己的消极意志中沉寂下去。

当然，有些时候我们不可能完全如意地挑选那些又重要又体面的工作，很可能要被动地接受一些工作安排。这时候要心中清楚：不要让自己降低标准去适应工作，而应按自己的才华提升工作标准，不要干削足适履的傻事。

作为一名员工，如果你已经具备了诚实的美德，不要因为别人说你太木讷不够精明而放弃。你要知道，职场上没有比诚实更

可贵的东西。员工的诚实可以让员工成为职场明星，诚实是员工的优势和财富，它会助员工走向成功。

真诚地对待自己和他人是明智和理智的行为，有些时候，为了寻找借口费尽脑汁，不如对自己或他人说我不知道。

这是诚实的表现，也是对自己和他人负责任的表现。这在某些方面恰恰是自信的表现。员工在失去了自信的时候，容易为自己找到很多借口，这其实是一种逃避行为。

麦肯锡咨询顾问埃森·拉塞尔的一次经历很能说明问题。他说：

有一天早晨，我们的客户——一家名列《财富》500强的制造业公司召开了一个重要的项目推荐会。我们的项目主管约翰和整个团队把说明情况的各个不同的部分都过了一遍。我把自己的这一部分已经过完了，前一天晚上我一直干到凌晨4点才把它整理完，当时我是筋疲力尽。当讨论转向另一个部分时（这一部分与我无关，而且我对这一部分也知之甚少），我的脑子开始抛锚了，一个劲地想睡觉。我可以听见团队的其他人在讨论不同的观点，但话从我的头脑里滑了过去，就像水从小孩的手指间流过去了一样。

突然，约翰问了我一句："那么，艾森，你对苏茜的观点怎么看？"我一下就惊醒了。一时的惊吓和害怕妨碍了我集中精力回忆刚才所讨论的内容。多年在常春藤名校和商学院练就的反应让我回过神来，我提出了几条一般性的看法。当然，我所说的也许只能算是马后炮。

如果我告诉约翰我没有什么把握——以前我没有看过这方面

的问题，我可能会好一点，甚至我这样说也行："对不起，我刚才思想抛锚了。"我想他会理解的，他以前一定有过同样的经历，就像在麦肯锡工作的其他人一样。相反，我却想蒙混过去，结果便是自己信口开河了。

几个星期之后，项目结束了，团队最后一次聚会。我们去了一家快餐店，吃了很多东西，喝了不少啤酒。接下来项目经理开始给团队的每一位成员分发带有开玩笑或具有幽默性质的礼物。至于我的礼物，他递给我的是一个桌上摆的小画框，上面整整齐齐地印着麦肯锡的至理名言——"只管说我不知道。"

自信的人从来都是诚实的人。不诚实的人是很危险的。因为不诚实，所以不能够与人相处长久，不具有合作与团队精神，更不能实现自己幸福和成功的愿望。诚实就是对说谎和欺骗的否定和排斥。因为诚实，便不会为了编织借口而说谎和欺骗；而不说谎和诚实会让人变得强大而高贵。现代老板对诚实十分重视，认为谎是最大的罪恶。

员工的每句话都必须是确切无疑的。他们的口头或书面陈述必须保持真实性。故意欺骗或哄骗的口头或书面陈述都是违背《企业守则》的。

同时，老板还要求员工不但不能对别人说谎，也不能对自己说谎。只有这样，才是一个真正不说谎的人。如果员工无须面对自己的错误，无需为自己的错误负责，将来就更有可能故意说错，这就是说谎了。而且会自圆其说，并说这样做理所当然。

这对企业来说就算很危险的了。

诚实是信任

只有诚实，才能长久。不为利动，没有私心，在任何情形下都言行一致的美誉，其价值比从欺骗中得来的利益大过千倍。但是，在现实生活中，许多人都说欺骗、说谎话是一种有利可图的勾当。他们以为欺骗的手段是很值得使用的，他们也许并不正面说谎、欺骗，但他们往往会留有一些应该说、特别是作为一个诚实的人所必须说的话不说。他们平常也许愿意站在正直的一方面，但是一旦关系到自己的利益时，他们就要离开正直，就会不说正直话，不做正直事了。

诚实就是对说谎和欺骗的否定和排斥。因为诚实，便不会为了编织借口而说谎和欺骗；而不说谎和诚实会让人变得强大而高贵。天下没有一种广告能比诚实不欺、言行可靠的美誉更能取得他人的信任。一个言行诚实的人，因为有正义公理作为后盾，所以能够毫不畏缩地面对世界。而一个骗人的人，却会在内心听到这种声音，我在说谎话，我不是一个诚实的人；我是一个卑污者，一个戴假面具者。

说谎话的人是不诚实的人，不诚实的人是很危险的。因为不诚实，所以不能够与人相处长久，不具有合作与团队精神，更不能实现幸福和成功的愿望。一个经常说谎、不诚实的人会受到内心的谴责，他没有力量可以压制住这种谴责。

诚实是谦虚

不要出尔反尔。已经确定下来的事情，却经常做变更，就会让你的助手无从下手。你做出的承诺，如果无法兑现，会在大家面前失去信用。这样的人，公司也不敢委以重任。

朋友们，在日常生活中，你们是否经常听到别人对你说"你错了"这样的话呢？假如听到这种话你感觉如何呢？我想大多数人听到这样的话心里都不会太舒服吧。短短几个字，虽无恶意，却很容易伤害人的自尊心。

光劳利是纽约一家木材公司的推销员，他多年与那些冷酷无情的木材审查员打交道，常常发生口舌，虽然最后的结果往往是他赢，但公司却总是赔钱。为此，他改变策略，不再同别人发生口角。结果呢？下面是他讲的一段经历：

有天早上，办公室的电话铃响了，有人急躁不安地在电话里通知他说，光劳利给他的工厂运去的一车木材都不合格，他们已停止卸货，要求光劳利立即把货从他们的货场运回去。原来在木材卸车四分之一时，他们的木材审查员报告说这批木材低于标准50%，鉴于这种情况，他们拒绝接受木材。光劳利立刻动身向那家工厂赶去，一路上想着怎样才能最妥当地应付这种局面。通常，在这种情况下他一定会找来判别木材档次的标准规格据理力争，根据自己做了多年木材审查员的经验与知识，力图使对方相信这些木材达到了标准，错的是对方。然而这次他决定改变做法，打算用新近学会的说话原则去处理问题。

光劳利赶到场地，看见对方的采购员和审查员一副敌对神态，摆开架势准备吵架。光劳利陪他们一起走到卸了一部分的货车旁，看一下情况到底怎样。

看了一会儿光劳利就发现，审查员用错了标准。这种木材是白松。审查员用的却是检查硬木的标准。不过光劳利一点也没有表示反对他的木材分类方式。光劳利一边观察，一边问几个问题。光劳利提问时显得非常友好、合作，并告诉他说他们完全有权把不合格的木材剔除来。这样一来他变得热情起来，他们之间的紧张开始消除。渐渐地他的整个态度变了。他终于承认自己对白松毫无经验，开始对每一块木料重新审查并虚心征求光劳利的看法。

结果是他们接受了全部木材，光劳利拿到了全价的支票。

日常说话，要根据他人的地位、身份、文化程度、语言习惯来做不同的处理，把握好分寸，留有余地。赞扬不要过分，谦虚也应适当。一些人常常将刚演了出好戏的青年演员称为崛起的新星；刚发表了一首小诗便谓之著名诗人。这种赞扬有些是经不起时间的考验的，但水已泼出，谁又会来草草收场呢？同样，谦虚也该实事求是。

说话要把握好分寸

科学史上有过这样一件事：一个年轻人想到大发明家爱迪生的实验室里工作，爱迪生接见了他。这个年轻人为表示自己的雄心壮志，说我一定会发明出一种万能溶液，它可以溶解一切物品。爱迪生便问他，那么你想用什么器皿来放这种万能溶液呢？它不是可以溶解一切吗？

年轻人正是把话说绝了，陷入了自相矛盾的境地。如果把一切换为大部分，爱迪生便不会反诘他了。

即使词用对了，修饰程度不同，说起来分寸就不一样。如"好字"，可以修饰为很好、非常好、最好、不好、很不好等，这些比较级的使用要慎重。如果你没听天气预报，即使听了，明天还没到，便不可以说，明天一定会下雨。你的文章写得一般，客气地说也只能是还好，怎么能说非常好呢？

有一句广告词：没有最好，只有更好。说话也是如此，切忌把话说满，说话一定要把握好分寸、讲究尺度。

一天，在公司的集会中，某先生看到一个女同事穿了一件紧身的新装，与她的胖身材很不相称，就说："说实话，你的这件衣服虽然很漂亮，但穿在你身上就像给桶包上了艳丽的布，因为你太胖了。"

女同事生气地走开了，从此再也没有理过他。

其实这位先生的心地是公认的好，可是和他同时进公司的同事，不是有了更重要的职位，就是成了他的老板。另外，别人虽然都称赞他好，但他的朋友并不多，他在公司里独来独往，好像不大受欢迎的样子……他的能力并不差，也有相当好的观察、分析能力。问题是，他说话太直了，总是直言直语，不加修饰，于是直接影响了他的人际关系。

其实直言直语是人性中一种很可爱、很值得大家珍惜的特质，因为也只有这种直言直语的人，才能让是非得以分明，让正邪得以分明，让美丑得以分明，让好坏得以分明。只是在人际关系里，直言直语却是你的致命弱点。

喜欢直言直语的人常常只看到现象或问题，也只考虑到自己的不吐不快，而没有考虑旁人的立场、观念、性格和感受。他的话有可能是一派胡言，但也有可能鞭辟入里。一派胡言的直言直

语对方明明知道，却又不好发作，只好闷在心里；鞭辟入里的直言直语因为直指核心，让当事人不得不启动自卫系统，若招架不住，恐怕就会怀恨在心了。所以，直言直语不论是对人或对事，都会让人受不了的，于是人际关系就出现了阻碍，别人宁可离你远远的，免得一不小心被你的直言直语灼伤；即使不能离你远远的，也要想办法把你赶得远远的，眼不见为净，耳不听为静。

所以，在生活中，直言直语是一把伤人又伤己的双面利刃，而不是劈荆斩棘的开山刀，我奉劝你要少直言指责他人处事的不当，或纠正他人性格上的弱点，这不是爱之深，责之切，而是和他过不去。而且，你的直言直语也不会产生多少效用，因为每个人都有一个内心堡垒，自我便缩藏在里面，你的直言直语恰好把他的堡垒攻破，把他从堡垒里揪出来，他当然不会高兴了！因此，能不讲就不要讲，要讲就迂回地讲，点到为止地讲，他如果不听，那是他的事！

学会克服爱发脾气的坏毛病

生活中，谁都免不了会生气。但生气不是人类的一种天性，而是人们对客观事物不满产生的一种情绪反应，表现形式有勃然大怒、打人、摔东西或是静静地怒目而视。

无论从生理还是从心理上，生气都会给你带来情绪上的不快或行为上的不理智。但如果该死的怒气涌上心头，许多人会寻找发泄的方法，比如找个人发火。但发火、找出气筒就真的能让自己消气、舒服吗？

其实你反而可能得罪了人，使人际关系更糟。你不妨回忆一下，过去生气时你都如何发泄？是找人斗嘴吵一架吗？这样做是不是只会恶性循环？所以，生气时最好先冷静下来，不要做剧烈反应，也不要把怒气发泄到别人的身上。

记住著名的哲学家阿柏拉德说过的话，火气甚大，容易引起愤怒的烦恼，是一种恶习而使心灵扭曲。意识到了这一点，生气时，你也就不会随便对人发火了。

人最难战胜的是自己。成功的最大障碍不是来自于外界，而是自身。

周末下午，小王来到办公室刚要坐下，停电了，电脑屏幕一片漆黑。小王跳了起来，奔到楼下。管理员正若无其事地听着半导体哼着小曲。小王破口大骂，一口气骂了六七分钟，最后实在找不到什么骂人的词句了，只好放慢了速度。这时候，管理员脸上露出开朗的微笑。他以一种充满镇静的与自制力的柔和声调说道："你今天有点儿激动吧？"

小王非常沮丧，甚至恨这位管理员恨得咬牙切齿。但是没用。回到办公室后，他好好反省了一下，觉得唯一的办法就是向那人道歉。

小王又找到管理员，这回轮到那位管理员吃惊了："你有什么事？"小王说："我来向你道歉，不管怎么说，我不该开口骂你。"这话显然起了作用，那位管理员不好意思起来："不用向我道歉，刚才我并没有听见你的话。况且抢修电路确实是我的责任。"你听，他居然检讨起自己来。

这件事告诉我们，你除非先控制了自己，否则将无法控制别人。自制不仅仅是人的一种美德，在你成就事业的过程中，自制也可助其一臂之力。

火气大，爱发脾气，实际上是一种敌意和愤怒的心态。当人们的主观愿望与客观现实相悖时就会产生这种消极的情绪反应。心理学研究表明，脾气暴躁，经常发火，不仅是诱发心脏病的原因，而且会有增加患其他病的可能性。因此为了确保自己的身心健康，必须学会控制自己，克服爱发脾气的坏毛病。

意识控制——当愤愤不已的情绪即将爆发时，要用意识控制自己，提醒自己应当保持理性。还可进行自我暗示，别发火，发火会伤身体，有涵养的人一般都能做到自我控制。

承认自我——勇于承认自己爱发脾气，以求得他人帮助。如果周围人经常提醒、监督你，那么你的目标一定会达到。

反应得体——当遇不平之事时，任何正常人都会怒火中烧，但是无论遇到什么事，都应该心平气和，冷静地、不抱成见地让对方明白他的言行之所错，而不应该迅速地做出不恰当的回击。从而剥夺了对方承认错误的机会。

推己及人——凡事要将心比心，就事论事，如果任何时候，你都能站在对方的角度来看问题，那么，很多时候，你会觉得没有理由迁怒于他人，自己的气自然也就消失了。

宽容大度——对人不斤斤计较，不要打击报复，当你学会宽容时，爱发脾气的毛病也就自行消失了。

自制，就要克服欲望，不要因为有点压力就心里浮躁，遇到一点不称心的事就大发脾气。人有七情六欲，但人也有些想法超出了自身条件所许可的范围。食色美味，高屋亮堂，凡人都得想到。但得之有度，远景之事，不可操之过急，欲速则不达。故必须控制自己。否则，举自身全力，力竭精衰，事不能成，也是枉然。又有些奢华之事，如着华衣，娱耳目，实乃人生之琐事，但又非凡人所能自制，沉溺其中而不能自拔，就不是力竭精衰的小事了。人必然会颓废不振，空耗一生。

你的一生要想在事业上取得成功，应该面临许许多多的压力，才能锻炼自己，才能有所得。务必戒奢克俭，节制欲望。有所弃，才能有所得。

与人相处要严于律己，宽以待人

有位才华出众的经理，事业一直都不顺利。为什么呢？很重要的一个原因就是他太精明了。每次与朋友见面聊天，总在听他抱怨、指责别人，这些人包括他的合作伙伴、客户以及员工，他会一针见血地指出每个人的缺点和不足，然后抱怨同这些人共事有多么困难。

朋友劝他：用人、与人相处要尽量地看人长处，用人长处，不要老盯着人家的缺点不放。而他依然如故，公司事业也依然很不景气。

有不少员工可能有着与他同样的毛病。

他们自视甚高，自律甚严，在他们眼中，周围的人身上全是毛病，他们用自己的标准和好恶去衡量、要求别人。他们不乏精明，但少了一份应有的糊涂和待人的胸怀。这样的人会是做具体业务的好手，但绝不是好的管理人才；他们可以成为好朋友，但要做整天在一起共事的同事很困难。

严于律己，宽于待人。有时候我们应有意识地区分朋友与同事。朋友一般是意趣相投，大家有许多互相欣赏的东西及感情的因素，而同事则首先要求的是业务上的能力与配合，二者之间是有细微区别的。

朋友之间合不来了，少来往就是了，而同事还要天天在办公室打交道。对于同事则更要有一份宽容的胸怀，除去业务上的互相合作外，你完全可以允许他以你极不赞成的方式生活、娱乐，那是他的权利。

在办公室之外，你可以对他敬而远之，而没有必要按你的道德标准、生活方式去要求他。一些不伤害原则的小地方更是要求你忍让、宽容，也许他爱占些小便宜，也许他生活不检点，也许他品位不高……

难得糊涂，由聪明变糊涂更难。水太清了连鱼都无法生存，人太精明了会没有愿与你共事的人。

如果你不知道自己工作的意义，不知道自己能胜任什么工作，就不要抱怨自己没有提升的机会、老板没有人情味。

那些吹毛求疵、喜欢抱怨的人往往都是心胸狭窄、缺乏进取心的人。因为他们不努力工作，却在故意挑剔别人的小毛病，殊不知自己却犯了工作中的大忌讳。

没有人会喜欢吹毛求疵、喜欢抱怨的人。仔细观察一下我们身边的成功者，你会发现，他的升迁都是他们肯学肯干，不断进取的结果。而老板也最喜欢肯学加实干的人了。反之，你缺乏了工作的热情，就只能生活在抱怨之中，而永远没有成就。

一个经常挑剔别人短处，指责别人错误的人，只会让人感到他苛刻而难于相处，让人感到品质恶劣而厌烦。

如果你总是说这个不好，那个也不行，人人都有问题。那么只能说明你自己不能与人相处，自己有问题。别人正是通过你对别人的判断，来判断你的为人的。

如果你去应聘，主聘人经常会问一个问题，你在原来的单位干得好好的，为什么要来我们单位？

有些人为了讨好主聘人，就极力指责原单位：那里的人很难相处，老板挑剔刻薄，你这里多好啊。这样说的人，十有八九会落选。主聘人一定会想：他现在这样指责他原来的老板，将来会不会也这样说我呢？

我们平常的谈话中有百分之九十是闲聊，那种品质恶劣的人总是以议论人及诽谤人为中心，仿佛这个世界上所有人都不行，只有他最伟大。或者通过指责别人的不是来抬高自己，这种人其实自尊心是极低的。他没有真本事去表现自己，只有借助于挑别人的短处来提高自己身份，这样的人令人不齿。

有一句古老的格言这样说，如果说不出别人的好话，不如什么都别说。这句格言在现代社会更显珍贵。

好话不出门，坏话传千里。在我们面前搬弄是非的人，也一定会在他人面前非议我们。一来一往容易滋生是非，影响公司的凝聚力。与其抱怨对公司和老板的不满，不如努力欣赏彼此之间的可取之处，这样一来，你会发现自己的处境大有改善。

所以，工作之中切忌吹毛求疵、抱怨唠叨，这样的人只会引起别人的反感，永远不会成功。抱怨是无济于事的，让自己有点

真本领才是真正的成功之道。

每个人在工作中都可能有失误。当工作中出现问题时，应该协助去解决，而不应该只做一些求全责备式的评论。特别是在自己无法做到的情况下，让自己的员工或别人去达到这些要求，很容易使人产生反感。长此以往，这种人在公司没有任何威信而言。

克服自卑要有坚强的意志

不要一味取悦他人。一个真正称职的员工应该对本职工作内存在的问题向老板提出建议，而不应该只是附和老板的决定。对于管理者，应该有严明的奖惩方式，而不应该做好好先生，这样做虽然暂时取悦了少数人，却会失去大多数人的支持。

态度诚恳不要抱怨发火也并不是一味地向他人赔不是，不但无法真正地解决问题，反而因此会有形无形地贬低了自己的价值。

当别人提出一些质疑的时候，在还不清楚这是不是因为我们个人的因素所造成的问题，还是我们根本就没有错时，我们总是会习惯于先向对方赔不是，因为，我们说这是缓和冲突与争端的最好方法。

你要知道，在这个世界上，有许许多多的事物，往往都不尽如人意，如果我们自觉已经尽力尽心，那么，就不要再受到别人的影响而耿耿于怀，况且，有些人就是故意在找麻烦。

除非，已经确定是因为我们的疏忽所造成的错误，否则，不要不分青红皂白地向人道歉。而且道歉的时候，也以对不起，我不是故意的之类的词语，来表达最诚心的歉意，而不是一再地以强调我错了、请原谅我或是很抱歉、我下次绝对不会再犯了之类的话。

如何适时地向他人表达自己的歉意，可以在发生过错的时候，冷静地思考一下：我们到底是故意的？是因为一时的疏忽？还是自己也是受害者之一？然后，再以最适当的言行与举止，向他人表达我们的歉意。

成功者与普通者的性格区别在于，成功者充满自信、洋溢着活力；而普通人即使腰缠万贯、富甲一方，内心却往往灰暗而脆弱。

那么，普通人的共同点又是什么呢？就是人类与生俱来的自卑感。

自卑是许多人身上明显存在的生存危机，因为这些人在自信者面前都是脆弱的软体动物。自卑是一种消极自我评价或自我意识，即说自己在某些方面不如他人而产生的消极情感，是一种危机心态。自卑感就是把自己的能力、品质评价贬低的一种危机或自我意识——具有自卑感的人总说自己事事不如人，自惭形秽，丧失信心，进而悲观失望，不思进取。你若被自卑感所控制，其精神生活将会受到严重的束缚，聪明才智和创造力也会因此受到影响而无法正常发挥作用。所以，自卑是束缚创造力的一条绳索。

据统计，世上有 92% 的人是因为对自己信心不足，而不能走出生存的困境。这种人就像一棵脆弱的小草一样，毫无信心去经历风雨。这就是说，缺乏自信，而在自卑的泥沼中爬来爬去，是这些人最大的生存危机，自然就会遭遇挫折。如果不能从自卑中挣脱出来，那么就成不了一个能克服危机的人。

自卑是害人的毒药，甚至是杀人的利器。

有一次，松下电器公司招聘一批基层管理人员，采取笔试与面试相结合的方法。计划招聘10人，报考的却有几百人。经过一周的考试和面试，通过电子计算机计分，选出了10位佼佼者。当松下幸之助将录取者一个个过目时，发现有一位成绩特别出色、面试时给他留下深刻印象的年轻人未在10人之列。这位青年叫神田三郎。于是，松下幸之助当即叫人复查考试情况。结果发现，神田三郎的综合成绩名列第二，只因电子计算机出了故障，把分数和名次排错了，导致神田三郎落选。松下立即吩咐纠正错误，给神田三郎发录用通知书。第二天松下先生却得到一个惊人的消息：神田三郎因没有被录取而一下自卑起来，跳楼自杀了。录用通知书送到时，他已经死了。

听到这一消息，松下沉默了好长时间，一位助手在旁也自言自语，多可惜，这么一位有才干的青年，我们没有录取他。

不，松下摇摇头说，幸亏我们公司没有录用他。意志如此不坚强的人是干不成大事的。

人生不如意事十之八九，因为求职未被录取而拿死亡来解脱自卑的情绪，是非常可惜的。成功根源于坚韧不拔的意志，这正是有些自卑者所缺少的。应当牢记：克服自卑要有坚强的意志。

相信别人要摆脱过度的竞争意识

两人结伴穿过沙漠，水喝完了，其中一个中暑生病，不能行动。另一个健康而又饥饿的人对同伴说，好吧，你在这里等着，我去寻找水源。他把手枪塞在同伴的手里说，枪里有五颗子弹，记住，三个小时后，每小时对空鸣枪一声，枪声指引我，我会找到正确的方向，然后与你会合。

两人分手，一个充满信心地去找饮水，一个满腹狐疑地卧在沙漠里等待。他看表，按时鸣枪。除了自己以外，他很难相信还会有人听见枪声。他的恐惧加深，想像同伴找水失败，中途渴死。不久，又想像同伴找到水，弃他而去，不再回来。

到应该击发第五枪的时候，这人悲愤地思量，这是最后一颗子弹了，伙伴早已听不见我的枪声，等到这颗子弹用过之后，我还有什么依靠呢？我只有等死而已。而且，在一息尚存之际，秃鹰会啄瞎我的眼睛，那是多么痛苦，还不如……他用枪口对准自己的太阳穴，再扣扳机。

不久，同伴提着满壶清水领着一队骆驼商旅循声而至，他见到的是一具尸体。

最后的一枪是作为信号引导同伴，还是射向自己的脑袋，取决于你是否信任别人。

相信别人要摆脱过度的竞争意识。

K 先生是一家建筑公司的设计科长，也是一位优秀的建筑师。他有一位美丽贤淑的太太和可爱的孩子。在任何人的眼光中，他应该是一个生活很愉快和满足的人。但这位 K 先生竟意外地患了神经衰弱症。他几乎每个夜晚都无法成眠。第二天早上起床后，全身酸痛而无法行动，食欲不振。他在空腹的时候又会感到胃部阵阵作痛。"唉，这样下去不行呀！究竟是什么病？我该去照照胃镜了吧。"

照胃镜的结果，医师诊断他患了胃溃疡。患这种疾病的原因很多，过度疲劳精神忧郁，就是原因之一。医生警告他，必须避免太辛劳、太激动和长时间的工作。K先生是极有敬业精神的一位建筑师，他坚守一个观念，生活，是一种竞争；工作，更是一种竞争。如果在竞争中败落下来，你便输掉了所有的一切。他在年轻的时候，曾遭遇过不少的挫折。凭着他的毅力和工作热忱，终于克服各种困难，冲破重重的难关，才有今天这种成就。

我绝不能失败！

他把自己局限在艰苦的生活中。同时他又把所有的人都当成自己竞争的对象。不管是什么人，谈到对他有好处的事情，首先进入他脑海中的是，会不会在事情的背后有什么阴谋？

在这种过分的警惕之下，就是和他工作完全没有利害关系的老同学来看他，他也不会主动去和这位老同学谈到自己的工作状况和未来理想。对他来说，社会上所有的人，几乎都是他竞争的对手，因此，他的精神和神经永远都是在紧张状况中，这使他变得更孤独。

当你把所有的人都视为竞争的对手时，就一定会把自己的竞争意识很强烈地指向这些对手，而使得那些被说成是自己竞争对手的人，也只好把你当作对手。而当你的表现很激烈的时候，对方也会用同样的态度来对付你，那是必然的结果。因此，我们可以说，K先生完全是因他的竞争意识伤害了他自己。从这一点来看，如果你想要从强烈的孤独中逃脱出来，对这种内心中太过强烈的竞争意识，是必须加以抑制的。

第六章 改变头脑才会改变命运

好员工需要开发智力、虚心学习。所谓开发智力，就是多为企业动脑筋想办法。只有始终不忘为企业开发大脑的员工，才可能谦虚学习。只有这样，才能实现企业的使命。经常开发智力，又能谦虚学习的人，才是企业最需要的员工。

有智慧就有机遇

所谓智者，说穿了，其实就是有心眼儿、有心计、不瞎闯、不蛮干、不盲从、不胡来。对每一件事都前思后想，深思熟虑，三思而后行，所说运筹于帷幄之中，决胜于千里之外，即在于智慧的运用。智慧与智慧相争相斗，则大智胜、全智胜、奇智胜、险智胜。

有人向一位商界奇才请教成功之道。他淡淡一笑，说，还是出个题考考你吧：

某地发现了金矿，人们一窝蜂地拥去，然而一条大河挡住了必经之道，是你，会怎么办？

有人说绕道走，也有人说游过去。但他却含笑不语，很久，他说："为什么非得去淘金，为什么不可以买一条船开展营运？"

在那样的情况下，宰得渡客只剩一条短裤，人们也会心甘情愿。因为前面有金矿啊！

这就是智者与普通人的差别，无需蛮干照样能赚钱，但这并不是说让你不干了，而是应该多开动脑筋。

丘吉尔曾说过这样一句话："未来的帝国是头脑的帝国。"1998年2月10日，即将就任总统的金大中为《每日经济》报创刊32周年的题词是"头脑强国"。4月21日他在出席新设计展览会的开幕式时说："21世纪是文化和经济融为一体的时代，只有'头脑强国'才能支配世界……"

财富来源于聪慧的大脑，这一名言在知识经济时代，愈来愈显示出它的价值与意义，智力是知识经济时代最具竞争力的资本。

有一个富翁曾对一个强盗说过这么一段令人深思的话："你可以拿走我的汽车，抢走我所有的钱财，但是，只要不杀死我，留下我的大脑，过不了多久，我就又会拥有这些了！而你呢？把从我这里抢去的钱物挥霍掉之后，你又一贫如洗了……那个强盗听了似有所悟，便问："那是为什么呢？"富翁说："因为我拥有智力，智力可以变成黄金，可以使我拥有一切！人的智力对命运的影响是巨大的，两个智力水平不同的人，注定会有不同的人生命运——智长者，富；智弱者，穷。

智力对员工命运的影响常表现在对智慧的运用上。

许多智力条件好的员工之所以不能成功，就在于他们没有把自己的智力作为制胜之本，如果把智力比做金子，金子埋在土中，一丝光也发不出来，金子存在家中，如果不去使用，不把它打制成精美的饰品，金子就如同一块铁。

爱若和布若差不多同时受雇于一家超级市场，开始时大家都一样，从最底层干起。可不久爱若受到总经理青睐，一再被提升，从领班直到部门经理。布若却像被人遗忘了一般，还在最底层混。终于有一天布若忍无可忍，向总经理提出辞呈，并痛斥总经理狗眼看人低，辛勤工作的人不提拔，倒提拔那些吹牛拍马的人。

总经理耐心地听着，他了解这个小伙子，工作肯吃苦，但似乎缺了点什么，缺什么呢？三言两语说不清楚，说清楚了他也不服，看来……他忽然有了个主意。

"布若先生，"总经理说，"您马上到集市上去，看看今天有什么卖的。"

布若很快从集市上回来说，刚才集市上只有一个农民拉了车

土豆在卖。

"一车大约卖多少钱，有多少斤？"总经理问。

布若又跑去，回来后说有40袋。

价格是多少？布若再次跑到集上。

总经理望着跑得气喘吁吁的他说："请休息一会吧，看看爱若是怎么做的。"说完叫来爱若对他说："爱若先生，您马上到集市上去，看看今天有什么卖的"。

爱若很快从集市上回来了，汇报说到现在为止只有一个农民在卖土豆，有40袋，价格适中，质量很好，他带回几个让总经理看。这个农民过一会还将弄几箱西红柿上市，据他看价格还公道，可以进一些货。想到这种价格的西红柿总经理大约会要，所以他不仅带回了几个西红柿作样品，而且把那个农民也带来了，他现在正在外面等回话呢。

总经理看一眼红了脸的布若，说："请他进来。"爱若由于比布若多想了几步，于是在工作上取得了一定的成功。

在现实生活中多想几步，即远见卓识，它会使生活迥然不同。远见会带来巨大的利益，会打开不可思议的机会之门；远见能增强一个人的潜力，人越有远见，就越有潜能。

知识就是待遇

据中国上海人才市场的调查结果显示，高级人才应聘的年薪心理价位和招聘单位的岗位薪资走势终于明朗，而且相互之间的价值很接近，高级人才对应聘岗位的年平均期望薪资依次为：副总经理 11.6 万元、计算机工程师 11.5 万元、地区销售经理 10.1 万元、投资经理 8.7 万元、财务经理 8.2 万元、生产经理 7.1 万元、物流主管 6.6 万元、项目经理 6.2 万元、行政管理 6.1 万元。招聘单位的岗位平均年薪走势为：副总经理 11.5 万元、软件工程师 11 万元、销售经理 7.5 万元、财务经理 7 万元、项目经理 6.6 万元。市场经理 6.6 万元、客户经理 6 万元、质控经理 5.4 万元、人事经理 4.8 万元、企划专员 3.8 万元。

一边是大量的工人下岗找不到工作，一边却是高级人才的薪资越来越高。显然，知识与才能已开始把握我们的命运，决定我们的财富。现代社会的人际竞争，很大程度上已归结为知识的竞争。有知识者有财富，将成为普遍的规律。据《北京青年报》报道，联想集团实行股份制改革以来，随着其认股权证的分配实施，使一些员工一跃成为百万富翁。此外，在以往联想内部的效益水平及激励机制基础上，已经产生了一批百万富翁。两者相加，联想这架高科技财富机器制造出来的百万富翁数量已有数百人之多。这些百万富翁普遍比较年轻，平均年龄不超过 30 岁。有关专家分析说，如今企业已经渐渐成为中国社会财富的创造和承载主体，随着各种形式股份制的推行，有知识有才能的年轻人将会成为富翁的主流。

清华同方也不甘落后，其总裁陆致成放出豪言：最短 3 年，最长 5 年，这家清华大学的高科技企业要造就 100 名千万富翁、1000 名百万富翁。这使得那些心存鸿鹄之志、怀揣科研成果的中国科学家有了以前做梦都不敢想象的暴富机会。

孙家广就是一位受益者。这位中国工程院的院士、清华大学的教授，曾因发明计算机辅助设计系统——中国迄今唯一具有全部自主知识产权的软件工程技术而闻名，如今他走出象牙塔，出任新成立的清华同方软件股份有限公司董事长。按照政策，该企业允许个人科技成果以无形资产形式折价入股、参与分配，包括孙家广在内的骨干人员因此占有该公司5000万股份中的8%，即400万股。虽然孙家广只说这400万股是由四个代表人认购，上市后再分配给企业员工，对他个人占多少股份不愿意置评，但作为该软件公司协心技术的发明人，哪怕只拥有1%的股份，上市后孙家广也会轻而易举，一跃而成千万富翁。

其实，像孙家广这样以技术入股，通过上市身价过亿的中国科学家已有先例，如水稻杂交专家袁隆平，他持有袁隆平农业高科技股份有限公司250万股，占总股本的2.38%，排在第四大股东的位置上。按目前的价位计算，股票市值超过8000万元。

也许有人说那些年龄偏大又没有一技之长的人就只有给人家打工的份。其实不然。我们在这里所指的知识，并不都是要在大学里专门学习的公式、定律、规则之类，而是包含着非常广泛的内容，按托夫勒的定义包括信息、数据、图像、想象、态度、价值观，以及其他社会象征性产物。实际上，对于致富起至关重要作用的专门知识，相当一部分是要在社会大学里才能学到的。没有读过大学的人，并不等同于没有知识。况且，在中国这样一个大国，市场巨大，对于那些在意识和经验上有准备的人，机会也一样存在。在知识经济时代的班车上，只要我们认真地掌握知识，关键是有效利用知识，就能走上致富之路。

提高学习力的有效途径

认真读书

知识当然要通过实践来最终学到，但除了没条件读书的人外，完全靠在实践中摸索，那是愚蠢的人的做法。当然，书本知识要和实践结合，但不读书，又从哪里得到书本知识呢？

有远大志向、渴望为人类做出大贡献的人自然要有深厚的知识功底。就是我们一般常人，要求职，要胜任工作，要想挣钱，在今天这个竞争激烈的社会，没有足够的知识也是不行的。我们羡慕计算机软件人员的高薪，但要知道，他们是靠知识才挣来不菲的报酬的。为拥有专业知识，他们付出的学习时间和精力远比我们要多。你要去做财务总管吗？你怎能不懂财务的知识？你要在股市上赚钱，你就应该有起码的证券知识。生物技术、纳米技术、电子商务、资本运作、企业管理、国际金融……你要成为某一领域的佼佼者，你就得读书，就得学习。知识的更新非常快，你必须有终生学习的心理准备。

一切东西都可以满足，金钱、住房、汽车、享乐……只有读书和学习不可以满足。在这方面，要永远不知足。

有人说，我已经有了够花几辈子的钱，我干吗还要读书学习？当然，你可以不读书了，但你今后的人生必定是庸俗的人生，愚昧的人生。宋人王安石说，贫者因书而富，富者因书而贵。这个贵，是指气质的高贵，人品的高贵。你愿意当一个没有知识修养的土

老财吗?

不要迷信经验

不要迷信经验。人们常常说经验可贵,可经验可贵是否意味着我们一定要迷信经验,不敢走自己的路。

传说在浩瀚无际的沙漠深处,有一座埋藏着许多宝藏的古城。要想获取宝藏,必须穿越沙漠,战胜沿途数不清的机关和陷阱。

一个勇敢的人决定去寻宝。

为了在回程的时候不迷失方向,这个勇敢的寻宝者每走出一段路,便要做上一个非常明显的标记。勇士最终找出一条路来。就在古城已经遥遥在望的时候,这个勇敢的人却因为过于兴奋踏进了布满毒蛇的陷阱,眨眼间便被饥饿的毒蛇吞噬。

过了许多年,终于又走来一个勇敢的寻宝人。他看到前人留下的标记,心想:这一定是有人走过的,既然标记在延伸,说明指路人安全地走下去了,这路一定没错!于是他沿着标记走下去,最后落进同样的陷阱,成了毒蛇的美餐。

最后一位走进沙漠的寻宝人是一位智者。他看着前人留下的标记想:这些标记可不能轻信。否则,寻宝者为什么都一去不返了呢?智者凭借着自己的智慧,在浩瀚无际的沙漠中重新开辟了一条道路。他每迈出一步都小心翼翼,扎实平稳。最终,这位智者战胜了重重险阻抵达古城,终于获得宝藏。

前人走过的路,并不一定通往成功。已被踏平的大路尽头,绝没有价值连城的宝藏。即使原来真有宝藏,也早已经被那些更早踏上这条路的人挖掘干净了。

经验也是如此，每个人都有自己特殊的经历，不同的观点，不一样的生物钟，因此每个人都不可能毫无保留地把别人的经验套在自己身上。我们要做的只能是吸收其中的精髓，然后根据自己的实际情况摸索出一条适合自己的道路。

因此，我们千万不要迷信经验。经验并不神秘，经验就在我们心中。

善于总结

我在这儿已经工作了 30 年，一位工人抱怨他没有升级，我比你提拔的许多人多了 20 年的经验。

不对，老板说，你只有一年的经验，你从自己的错误中，没有学到任何教训，你仍然在犯你第一年犯过的错误。

这是一个悲哀的故事！我想以此来告诉你，即使是一些小小的错误，你都应从其中学到一些东西。

爱迪生的一个助手说："我们浪费了太多的时间，我们已经试验了2万次了，仍然没找到可以做白炽灯丝的材料！"爱迪生说："不！我们已经知道了两万种不能当白炽灯丝的东西。"

这种精神使爱迪生终于找到了钨丝，发明了电灯，改变了历史。

错误很可能致命，错误会造成严重的后果。这往往不在错误本身，而在于犯错人的态度。能从失败中获得教训的人，就能建立更强的自信心。

英国的索冉指出，失败不该成为颓丧、失志的原因，而应该成为新鲜的刺激。唯一避免犯错的方法是什么事都不做，有些错误确实会造成严重的影响，所谓一失足成千古恨，再回头已是百

年身；失败乃成功之母，没有失败，没有挫折，就无法成就伟大的事业。

这些都没有错，但是，如果只是一味地失败，而在失败中却没有得到任何有意义的东西，那么，这种失败便是毫无意义的，绝对不是什么成功之母。

你会遇到很多次失败，这是你生活的必修课，但这并不可怕，可怕的是在一次次的失败中却没有任何长进。更不要拿失败是成功之母为借口，这只能让你在一次次的失败中沉迷下去，在同一个错误上重复跌倒。

聪明的人会从失败中学到教训。失败者是一再失败，却不能从其中获得任何经验。

做事太轻率

杰克在国际贸易公司上班，他很不满意自己的工作，忿忿地对朋友说："我的老板一点也不把我放在眼里，改天我要对他拍桌子，然后辞职不干。"

"你对于公司业务完全弄清楚了吗？对于他们做国际贸易的窍门都搞通了吗？"他的朋友反问。

"没有！"

"君子报仇三年不晚，我建议你好好地把公司的贸易技巧、商业文书和公司运营完全搞通，甚至如何修理复印机的小故障都学会，然后辞职不干。"朋友说："你用他们的公司，做免费学习的地方，什么东西都会了之后，再一走了之，不是既有收获又出了气吗？"

杰克听从了朋友的建议，从此便默记偷学，下班之后，也留在办公室研究商业文书。

一年后，朋友问他："你现在许多东西都学会了，可以准备拍桌子不干了吧？"

"可是我发现近半年来，老板对我刮目相看，最近更是不断委以重任，又升职、又加薪，我现在是公司的红人了！"

"这是我早就料到的！"他的朋友笑着说，"当初老板不重视你，是因为你的能力不足，却又不努力学习；而后你痛下苦功，能力不断提高，老板当然会对你刮目相看。"

不要只知道抱怨老板，却不反省自己。如果我们不是仅仅把工作当成一份获得薪水的职业，而是把工作当成是用生命去做的事，自动自发，全力以赴，我们就可能获得自己所期望的成功。成功者和失败者的分水岭在于成功者无论做什么，都力求达到最佳境地，丝毫不会放松；成功者无论做什么职业，都不会轻率疏忽。

许多年轻人之所以失败，就是败在做事轻率这一点上。这些人对于自己所做的工作从来不会做到尽善尽美。

要不断努力地学习

车子、房子，一切事物随着岁月的流逝都会不断折旧，但是，你有没有想过，你赖以生存的知识、技能也一样会折旧。在风云

变幻的职场中，脚步迟缓的人瞬间就会被甩到后面。

如果你是工作数年自认资深的员工，也不要倚老卖老，妄自尊大，否则很容易被淘汰出局。那时候即使你是老板眼前的红人，他也会为了公司的利益，舍你而去。

有人说，读书的时代已经过去了，现在只是一个查找资料的时代。读书二字给人最深的印象就是：手里捧着一本例如《四书》、《五经》之类的书，从头到尾地阅读，一遍两遍，三遍四遍，不停地阅读，并且不停地对其吟诵。而在当今的时代，谁又会有那份整天子曰诗云的闲工夫？能挤出时间把《四书》、《五经》匆匆一览就算不错了，因为还有很多其他的书在排队等候检阅。

书不光要读，还要抓紧读，还要认真读。如学生时代的教科书，走上工作岗位以后有关的专业书。围绕着教科，围绕着专业，还有不断爆发出来的尖端科技成果。书读得越多，知识才会越广博，头脑才会越聪明。

面对知识爆炸的今天，人不读书，其犹夜行；二毛之叟，不如白面书生。自负容易停滞，自卑容易让人失去信心和勇气。

最好是不气馁，不停地干；不自满，不停地用功。让我们记住鲁迅的"倘能生存，我仍要学习"这句箴言吧。

记住，成功人士之所以会成功，他们大多数都是在前人奋斗的基础上获取的。

牛顿曾经用巨人的肩膀来比喻书，并且说他自己有很多成功都是站在巨人的肩膀上获得的。

我没有现成的根据，没有可照抄的模型。我是一位开拓者，所以我是渺小的，我希望读者诸君承认我已成就的，原谅我未成就的。

在亚里士多德的话里，我们可以清楚地看到人类永不休止的奋斗。

台湾的资深音乐人黄舒骏在这方面就感受很深。处在流行工业最前线的唱片圈10年来，每年都有前赴后继的新人，以数百张新专辑的速度抢攻唱片市场，稍不留意就被远远地抛在后面。黄舒骏觉得，老不是最可怕的，未老已旧才是最悲哀的事。所以，面对推陈出新的市场，不断学习和创新才能不被抛出轨道，"我是个容易忧虑的人，每天都觉得自己不行了，这样的忧虑是进步的动力。"

这绝非危言耸听，美国职业专家指出，现在职业半衰期越来越短，所有高薪者若不学习，无需5年就会变成低薪。就业竞争加剧是知识折旧的重要原因，据统计，25周岁以下的从业人员，职业更新周期是人均1年4个月。当10个人只有1个人拥有电脑初级证书时，他的优势是明显的，而当10个人中已有9个人拥有同一种证书时，那么原有的优势便不复存在。未来社会只有两种人：一种是忙得要死的人，另外一种是找不到工作的人。

所以，不懈怠的学习才是百战百胜的利器。

在职场上奋斗的人的学习有别于学校学生的学习，缺少充裕的时间和心无杂念的专注，以及专职的传授人员。所以积极主动地学习尤为重要。

工作是任何职业人员的第一课堂，要想在当今竞争激烈的商业环境中胜出，就必须学习从工作中吸取经验、探寻智慧的启发以及有助于提升效率的资讯。年轻的彼得·詹宁斯是美国ABC晚间新闻当红主播，他虽然连大学都没有毕业，但是却把事业作为他的教育课堂。最初他当了 3 年主播后，毅然决定辞去人人艳羡的主播职位，决定到新闻第一线去磨练，干起记者的工作。他在美国国内报道了许多不同路线的新闻，并且成为美国电视网第一个常驻中东的特派员，后来他搬到伦敦，成为欧洲地区的特派员。经过这些历练后，他重又回到 ABC 主播台的位置。此时，他已由一个初出茅庐的年轻小伙子成长为一名成熟稳健又广受欢迎的记者。

通过在工作中不断学习，你可以避免无知滋生出自满，损及你的职业生涯。专业能力需要不断提升，技能组合以及刺激学习的能力相配合。所以，不论是在职业生涯的哪个阶段，学习的脚步都不能稍有停歇，要把工作视为学习的殿堂。你的知识对于所服务的公司而言可能是很有价值的宝库，所以你要好好自我监督，别让自己的技能落在时代后头。

多数企业都有自己的员工培训计划，培训的投资一般由企业作为人力资源开发的成本开支。而且企业培训的内容与工作紧密相关，所以争取成为企业的培训对象是十分必要的，为此员工要了解企业的培训计划，如周期、人员数量、时间的长短，还要了解企业的培训对象有什么条件，是注重资历还是潜力，是关注现在还是关注将来。如果员工觉得自己完全符合条件，就应该主动向老板提出申请，表达渴望学习、积极进取的愿望。老板对于这样的员工是非常欢迎的，同时技能的增长也是员工升迁的能力保障。

在公司不能满足自己的培训要求时，也不要闲下来，可以自掏腰包接受再教育。当然首选应是与工作密切相关的科目，其他还可以考虑一些热门的项目或自己感兴趣的科目，这类培训更多意义上被当作一种补品，在以后的职场中会增加员工的分量。

随着知识、技能的折旧越来越快，不通过学习、培训进行更新，适应性自然越来越差，而老板又时刻把目光盯向那些掌握新技能、能为公司提高竞争力的人。

未来的职场竞争将不再是知识与专业技能的竞争，而是学习能力的竞争，员工如果善于学习，他的前途会一片光明。

让我们也收拾起行李，站在巨人的肩膀上，用我们的耐心和坚定不移的信心去打开生命之门吧！

学习也要讲方法

学海无涯苦作舟，学习也要讲究学习方法，才能事半功倍。

涉猎广泛

有甲、乙两个人，甲兴趣广泛，喜欢学习不同的东西，他学过捕鱼、打猎、伐木……乙却说自己不必学许多，因此他只学过伐木。后来，机缘巧合，甲与乙一同伐木。一转眼过了许久，他们周边的木材伐光，甲与乙也就失业了，可由于甲兴趣广泛，他转行干起了捕鱼，而乙无所事事，只能靠吃老本生活，最后在甲的劝导下又学起了捕鱼。故事的结尾是乙发出了长长的感叹：要是我当时再学一些别的那就好了。

也许这个故事不现实，在生活中或许根本不存在，但它说明了一个道理，多学习一些知识总是没有错的。

学习面过于狭窄是学习中的坏毛病，我们必须重视，这就要求我们在学习时多学些有用的知识，自己要有专长，但专长以外的东西也需了解、掌握一些。只有这样，才能使自己知识丰富，成为一个不会轻易被淘汰的人。

要有选择

爱读书是一种很好的习惯，可不进行选择的盲目读书，则又使这一好习惯变成坏毛病了，这是我们许多人在学习中都会犯的错。

俄国文学批评家别林斯基说过，我们必须学会这样的本领：选择最有价值、最适合自己的读物。

读书要有选择，不仅因为书籍很多，我们的时间和精力有限，更重要的是书籍中良莠不齐。不加以选择地读书，很可能读了一堆垃圾书，不但白白浪费了时间和精力，还使自己思维混乱、趣味变得低下。

因此，我们在读书时一定要摒弃自己盲目读书的坏毛病，做到有选择，有目的地读书。这样，我们不但在读书学习中学到我们想要的知识，也不至于浪费时间、浪费生命。

活学活用

死读书，认为凡是书上所讲的都是正确的，不与现实的具体情况相联系，其结果就是把书读死了，成了一个地道的书呆子。

美国的大学，培养了许多与现实生活脱离的空想派知识分子，他们所拥有的仅是一些统计数字和一些过时的资料。

有些知识分子，手上拿着的是用了二三十年或更久的讲义，随便进行一番修饰以后，就在新的学期开始派上用场。

由于这些大学的不切实际，所以教授们的地位也日渐下降。

例如有一位留学美国的学子，在读了十多年书后，终于获得了一个博士学位，这位学子面对茫茫的前途之时，也唯有硬着头皮出外工作。而出外工作要做什么呢？都已30多岁的人了，除了识字打字以外，他所学的那点专长竟毫无用武之地，也真叫人无奈。

结果，他只找到了一份年薪15000美元左右的工作。其时，一位文员每年的薪水大概也有12000到15000美元。

中国的历史上曾出现过由春秋战国时期的学术灿烂倒退到了秦汉的焚书坑儒、罢黜百家、独尊儒术的地步。重要原因，就是统治者要扼杀读书人活跃的思想，让读书成为僵死呆板的死记硬背，毫无创造性可言。

中国历代的皇帝都很自私，他们为了巩固政权，打击天下英才，实行迂腐的教育，对于那些有精力、有造反潜能的英才则一网打尽，在很大程度上扼杀了人才。后世对于唐太宗的歌颂，也不外是半讽半颂，其中有一句就是："太宗皇帝真长策，赚得英雄尽白头。"

量力而学

读书是为了获取知识而不是图饱眼福。就像消化不良一样，吃了许多食物，却没有消化吸收，只会对身体有害。

徐特立说："我读书的方法总是以'定量''有恒'为主，不切实际地贪多，既不能理解又不能记忆。要理解，须记住基本的东西，必须'经常''量力'才成。"

俄国教育家乌申斯基也说过，书籍不仅对那些不会读书的人

是哑口无言的，就是对那些机械地读完了书而不会从死字母中吸取思想的人，也是哑口无言的。

学习切忌消化不良，要做到适度，不要太贪。贪心不但不会帮你得到有用的知识，反而会使你劳而无功，是吃了很多，可竟没有掌握，更别说运用了。

因此，学习最注重掌握要领，千万别走形式，走马观花，徒劳无功。

学会速读

不要纠缠生字。不要时常停下来思索行文中的些生字。这会打乱阅读节奏，并妨碍对文章重点的掌握。纠缠生字主要是因为字库太小，平时需在这方面多下功夫，多识一些字或背一些单词。此外，阅读时可根据上下文推测生字的意思，待阅读完毕再查字典印证。

不要不当返读。不要回头重读一个字或一句话。这是许多人阅读速度缓慢的原因，其潜在心理是怀疑自己的理解能力。不当返读之所以减慢阅读速度，是因为经常要回头思索，而不是专注向前迎接新的内容。结果，新的内容又得不到充分理解，只好又回头重读，这就形成一种恶性循环——返读越多，越需要返读。如有不当返读的习惯，尝试一口气阅读一篇文章。这样，员工会发觉，就算不返读，员工也能领略全文的意思。当然，若要仔细咀嚼某些字句，返读也是必要的。

注意姿势。不少员工爱趴在桌上或躺在床上看书，这样很容易造成近视眼、驼背等生理变化，损害身体健康。所以，阅读时一定要注意保持姿势端正。

第七章 执行：
没有任何借口

　　有执行力的员工，就是随时随地都具备工作热忱的员工。人的热忱是一切行动的前提，事情的成功与否，往往是由做这件事情的决心和热忱的强弱而决定的。

　　最好的执行者，都是自觉执行的人，他们确信自己有能力完成任务。这样人的个人价值和自尊是发自内心的，而不是来自他人。也就是说，他们不是凭一时冲动做事，也不是只为了老板的称赞，而是不断地追求完美。

工作需要积极主动、自动自发的精神

我们常常说只要准时上班、按点下班、不迟到、不早退就是完成工作了，就可以心安理得地去领工资了。其实，工作首先是一个态度问题，工作需要热情和行动，工作需要努力和勤奋，工作需要一种积极主动、自动自发的精神。自动自发地工作的员工，将获得工作所给予的更多的奖赏。

坦诚地说，现在的许多年轻员工，大多是茫然的。他们每天在茫然中上班、下班，到了固定的日子领回自己的薪水，高兴一番或者抱怨一番之后，仍然茫然地去上班、下班……他们从不思索关于工作的问题：什么是工作？工作是为什么？可以想象，这样的年轻人，他们只是被动地应付工作，为了工作而工作，他们不可能在工作中投入自己全部的热情和智慧。他们只是在机械地完成任务，而不是去创造性地、自动自发地工作。

我们没有想到，我们固然是踩着时间的尾巴准时上下班的，可是，我们的工作很可能是死气沉沉的、被动的。当我们的工作依然被无意识所支配的时候，很难说我们对工作的热情、智慧、信仰、创造力被最大限度地激发出来了，也很难说我们的工作是卓有成效的。我们只不过是在混日子罢了！

其实，工作是一个包含了诸多智慧、热情、信仰、想象和创造力的词汇。卓有成效和积极主动的人，他们总是在工作中付出双倍甚至更多的智慧、热情、信仰、想象和创造力，而失败者和消极被动的人，却将这些深深地埋藏起来，他们有的只是逃避、指责和抱怨。

应该明白，那些每天早出晚归的人不一定是认真工作的人，那些每天忙忙碌碌的人不一定是优秀地完成了工作的人，那些每天按时打卡、准时出现在办公室的人不一定是尽职尽责的人。对他们来说，每天的工作可能是一种负担、一种逃避，他们并没有做到工作所要求得那么多、那么好。对每一个企业和老板而言，他们需要的绝不是那种仅仅遵守纪律、循规蹈矩，却缺乏热情和责任感，不能够积极主动、自动自发工作的员工。

工作不是一个关于干什么事和得什么报酬的问题，而是一个关于生命的问题。工作就是自动自发，工作就是付出努力。正是为了成就什么或获得什么，我们才专注于工作，并在那个方面付出精力。从这个本质的方面说，工作不是我们为了谋生才去做的事，而是我们用生命去做的事！

成功取决于态度，成功也是一个长期努力积累的过程，没有谁是一夜成名的。所谓的主动，指的是随时准备把握机会，展现超乎他人要求的工作表现，以及拥有为了完成任务，必要时不惜打破常规的智慧和判断力。知道自己工作的意义和责任，并永远保持一种自动自发的工作态度，为自己的行为负责，是那些成就大事之人和凡事得过且过之人的最根本区别。

明白了这个道理，并以这样的眼光来重新审视我们的工作，工作就不再成为一种负担，即使是最平凡的工作也会变得意义非凡。在各种各样的工作中，当我们发现那些需要做的事情——哪怕并不是分内的事的时候，也就意味着我们发现了超越他人的机会。因为在自动自发地工作的背后，需要员工付出的是比别人多得多的智慧、热情、责任、想象和创造力。

一位心理学家在研究过程中为了实地了解人们对于同一件事情在心理上所反映出来的个体差异，他来到一所正在建筑中的大教堂，对现场忙碌的敲石工人进行访问。

心理学家问他遇到的第一位工人："请问你在做什么？"

工人没好气地回答："在做什么？你没看到吗？我正在用这个重得要命的铁锤，来敲碎这些该死的石头。而这些石头又特别的硬，害得我的手酸麻不已，这真不是人干的工作。"

心理学家又找到第二位工人："请问你在做什么？"

第二位工人无奈地答道："为了每月500美元的工资，我才会做这件工作，若不是为了一家人的温饱，谁愿意干这份敲石头的粗活？"

心理学家问第三位工人："请问你在做什么？"

第三位工人眼光中闪烁着喜悦的神采，"我正参与兴建这座雄伟华丽的大教堂。落成之后，这里可以容纳许多人来做礼拜。虽然敲石头的工作并不轻松，但当我想到，将来会有无数的人来到这儿，再次接受上帝的爱，心中便常为这份工作献上感恩。"

同样的工作，同样的环境，却有如此截然不同的感受。

第一种工人是完全无可救药的人。可以设想，在不久的将来，他将不会得到任何工作的眷顾，甚至可能是生活的弃儿。

第二种工人是没有责任和荣誉感的人。对他们报有任何指望肯定是徒劳的，他们抱着为薪水而工作的态度，为了工作而工作。他们肯定不是企业可依靠和老板可依赖的员工。

该用什么语言赞美第三种工人呢？在他们身上，看不到丝毫抱怨和不耐烦的痕迹，相反，他们是具有高度责任感和创造力的人，他们充分享受着工作的乐趣和荣誉。同时，因为他们的努力工作，工作也带给了他们足够的荣誉。他们就是我们想要的那种员工，他们是最优秀的员工。

最好的执行者，都是自动自发的人，他们确信自己有能力完成任务。这样人的个人价值和自尊是发自内心的，而不是来自他人。他们不会常因为完成了任务而得到老板的称赞、夸奖。由此，他们学会了自我奖励。

要鼓励员工自我奖励，它提供各种环境和经验，让员工学习从良好的表现中获得内心的满足与成就感。也就是说，他们不是凭一时冲动做事，也不是只为了老板的称赞，而是自动自发地、不断地追求自我的完美。

第三种工人，完美地体现了自动自发、自我奖励，视工作为快乐。这样的工作哲学，是每一个企业都乐于接受和推广的。持有这种工作哲学的员工，就是每一个企业所追求和寻找的员工。他所在的企业、他的工作，也会给他最大的回报。

或许在过去的岁月里，有的人时常怀有类似第一种或第二种工人的消极看法，每天常常谩骂、批评、抱怨、四处发牢骚，对自己的工作没有丝毫激情，在生活的无奈和无尽的抱怨中平凡地生活着。

不论您过去对工作的态度究竟如何，都并不重要，毕竟那是已经过去的了，重要的是，从现在起，您未来的态度将如何？

让我们像第三种工人那样，做最优秀的员工吧，并时常怀抱着一颗感恩的心！

第七章 执行：没有任何借口

做事不找借口

我们经常会听到这样或那样的借口。借口在我们的耳畔窃窃私语，告诉我们不能做某事或做不好某事的理由，它们好像是理智的声音、合情合理的解释，冠冕而堂皇。上班迟到了，会有路上堵车、手表停了、今天家里事太多等借口；业务拓展不开、工作无业绩，会有制度不行、政策不好或我已经尽力了等借口；事情做砸了有借口，任务没完成有借口。只要有心去找，借口无处不在。做不好一件事情，完不成一项任务，有成千上万条借口在那儿响应员工、声援员工、支持员工，抱怨、推诿、迁怒、愤世嫉俗成了最好的解脱。借口就是一块敷衍别人、原谅自己的挡箭牌，就是一副掩饰弱点、推卸责任的万能器。有多少人把宝贵的时间和精力放在了如何寻找一个合适的借口上，而忘记了自己的职责和责任啊！

寻找借口唯一的好处，就是把属于自己的过失掩饰掉，把应该自己承担的责任转嫁给社会或他人。这样的人，在企业中不会成为称职的员工，也不是企业可以期待和信任的员工；在社会上不是大家可信赖和尊重的人。这样的人，注定只能是一事无成的失败者。

试想想，如果你与某人约好时间见面，而他迟到了，见面张口就说：路上车太多了。或者是他在门口迷路了等等，你会怎么想？生活中只有两种行为：要么努力地表现，要么就是不停地辩解。没有人会喜欢辩解的，那些动辄就说我以为、我猜、我想、大概是的人，想想吧，你从这些话中得到了些什么？

当然，我们并不能解决路上堵车的问题，我们也不太可能等外部条件都完善了再开始工作，但就是在这种既定的环境中，就是在现有的条件下，我们同样可以把事情做到极致！我们无法改变或支配他人，但一定能改变自己对借口的态度——远离借口的羁绊，控制借口对自己的影响力，坚定完成任务的信心和决心。越是环境艰难，越是敢于承担责任，锲而不舍、坚韧不拔，就一定能消除借口这条寄生虫的侵扰。很多借口其实都是我们自己找来的，牵强附会。同样我们也完全可以远离、抛弃它们。

不找借口不是冷漠或缺乏人情。如果打一个极端的比喻，假设迟到一分钟，你就要被枪毙，这时你还会让借口发生吗？而这样的情况，在战场上，在商场上，随时都有可能发生。

不找借口还体现出一种完美的执行能力。每个企业都需要不找借口的员工。如果老板命令把某项任务解决了，而执行的员工却回答说，找不到人啊，无从下手啊，不会开机器啊，没有原料啊……。最后，老板急了，"你闪开，让我来干。"这样的你不但会淘汰出局，这样的企业也会有生存危险的。

做任何事都要先在心中构思

任何工作都经过两次创造。终始是以所有事物都经过两次创造的原则为基础的。所有事物都有心智的即第一次的创造和实际行动的即第二次的创造。我们做任何事都是先在心中构思，然后付诸行动。正因如此，认定使命才显得如此重要。

以建筑为例，在开始建造之前，必须先有详尽的设计图；而绘出设计图之前，须先在脑海中构思每一细节。有了设计图，然后有施工计划，这样按部就班才能完成建筑。假使设计稍有缺失，弥补起来，可能就事倍功半。设计蓝图代表愿景，整个建筑过程均以它为准绳，因此宁可事先追求尽善尽美，以免亡羊补牢。

企业方面，市场瞬息万变，老板必须不断密切注视环境的变化，特别是消费者的购买习惯和购买心理，以使企业保持正确的发展方向。

工业方面也是这样。老板若不注意外部环境的变化，管理技能再好也不能使他们免于破产。缺乏有效管理，有人称之为就像在泰坦尼克号轮船上拉开躺椅。无论管理多么成功，都不能弥补老板的失败。不过老板的确是不易做的，因为他们常常陷于管理的圈子难以自拔。

有一个总经理在悟出老板工作性质与管理的不同之后，立即检讨了自己的角色。结果发现他根本不曾是老板。每天忙着应付管理问题，已令人焦头烂额。于是他决定退出管理工作，留给别人去负责，而希望自己好好为公司确定大方向即可。

这实在不容易啊！要放手不管眼前急迫的业务，牺牲唾手可得的成就，令他十分痛苦。苦思如何经营公司，如何建立企业文化，如何掌握先机，以及深入分析一些问题，更让他头痛不已。

不过他决心坚持到底，因为他认定自己必须做个抓大放小、工作有重心的老板。现在他已确实做到，整个公司也仿佛脱胎换骨。如今，他们更能适应环境的变化，公司营业额加倍，利润也增长了3倍。他真正发挥了老板的力量。

在家庭中，为人父母者难免也会落入类似的管理陷阱，只重规矩、效率与控制，忽略了管教的目的、方向与亲情。至于个人的生活，可能就更缺乏主导了。终日汲汲营营，却像无头苍蝇般漫无目标。

完成任务也是同样道理。要想完成任务，必须先确定产品或服务可达到的营运目标，然后综合资金、研究发展、生产作业、行销、人事、厂房设备等方面资源，朝愿景努力前进。许多企业都败在事先规划不周，以致资金不足，或对市场认识不清。

先构思而后行动的原则适用范围极广。比方出门旅行，要先决定目的地与路线；上台演讲，应先预备讲稿；做衣服，要先设计款式。明白这个道理，把制定使命看得与行为本身同样重要，影响圈就会日渐扩大。

不过，使命不见得都是有意识的产物。有些人自我意识薄弱，只知遵循家庭、社会或环境所赋予的使命前进。这类使命多半出于个人主观好恶，不符合客观原则。它之所以被接受，乃由于有些人依赖心过重，深怕不顺从别人的要求便会失去爱，因而必须靠别人来肯定自我价值。

在麦可·安迪的眼里，时间是一朵儿长在人们心中的百合。为了督促自己执行工作，不让你的时间百合枯萎，你可以在工作开始之前，审慎地制定工作进度表。

凡事预则立。如果你能制定一个高明的工作进度表，你一定能真正掌握时间，在限期之内出色地完成老板交付的工作，并在

尽到职责的同时，兼顾效率、效益及和谐。正如一位成功的职场人士所说，你应该在一天中最有效的时间之前定一个计划，仅仅20分钟就能节省1个小时的工作时间，牢记一些必须做的事情。

总之，谁善于利用时间，谁的时间就会成为超值时间。作为一名员工，当你能够高效率地利用时间的时候，你对时间就会获得全新的认识，知道1秒钟的价值，算出1分钟时间究竟能做多少事。这时，若再担心不被老板赏识，就是杞人忧天了。

当你善于抓住点点滴滴时间进行工作的时候，你还应懂得，凡事都有轻重缓急，重要性最高的事情，应该优先处理，不应该和重要性最低的事情混为一谈。

大多数重大目标无法达成的主因，就是因为你把大多数时间都花在次要的事情上。所以，你必须学会根据自己的核心价值，排定日常工作的优先顺序。建立起优先顺序：急迫而重要的，非尽快完成不可，如方案的制定；重要但不急迫的，虽然没有设定期限，但早点完成，可以减轻工作负担，增加工作表现。如工作的长远规划；还有急迫而不重要的；和既不急迫又不重要的，如鸡毛蒜皮的小事。

分清轻重缓急，设计优先顺序，是时间管理的精髓。成功人士都是以分清主次的办法来统筹时间的，把时间用在最具有生产力的地方。巴莱托定律告诉我们：应该用80%的时间做能带来最高回报的事情，而用20%的时间做其他事情。

记住这个定律，并把它融入工作当中，对最具价值的工作投入充分的时间，否则你永远都不会感到安心，你会一直觉得陷于一场无止境的赛跑里头，永远也赢不了。

做事要积极主动

一天，6岁的王安外出玩耍，发现了一只嗷嗷待哺的小麻雀。他决定带回家喂养。走到家门口，忽然想起未经妈妈允许。他便把小麻雀放在门后，进屋请求妈妈。在他的苦苦哀求下，妈妈答应了。但是，当王安兴奋地跑到门后时，小麻雀已不见了，看到的是一只意犹未尽的黑猫。

由此可见，万事俱备固然可以降低你的出错率，但致命的是，它会让你失去成功的机遇。企盼万事俱备后再行动，你的工作也许永远没有开始。世间永远没有绝对完美的事。万事俱备只不过是永远不可能做到的代名词。

所以，不管从事什么行业，当老板给了员工某项工作后，抓住工作的实质，当机立断，立即行动，只有这样，成功才会最大限度地垂青于你。

然而，往往在事情到来之时，总是积极的想法先有，然后头脑中就会冒出我应该先……这样一来，你的一只腿就陷入了万事俱备的泥潭。一旦陷入，结果就很难说了。你顾虑重重，不知所措，无法定夺何时开始……时间一分一秒地浪费了，你陷入失望情绪里，最终只有以懊悔面对悬而未决的工作。

很多时候你若立即进入工作的主题，会惊讶地发现，如果拿浪费在万事俱备上的时间和精力处理手中的工作，往往绰绰有余。而且，许多事情员工若立即动手去做，就会感到快乐、有趣，加

大成功几率。一旦延迟，愚蠢地去满足万事俱备这一先行条件，不但辛苦加倍，还会失去应有的乐趣。比如，一个艺术家行走在路上时，某种灵感如同闪电般闪现在他的脑海里。如果他在那一刹那迅速执笔，把那个灵感画在身边的某一片纸上，或者他的衣服上，必定会有意外收获。可是这个艺术家一定要等回到了画室，展开了画布，调好了颜料等等，才执笔捕捉。结果，待一切就绪后，无论他再怎么苦苦思索，美好的灵感火花，却早已模糊，难觅其踪了。

难怪有人讥讽地评判，说做事奢求万事俱备的人，是最容易被失败俘虏的人。从某种意义上讲，万事俱备还是个窃贼，它会窃取你宝贵的时间和机遇，让你的工作不能迅速、准确、及时地完成，从而毁掉你走入老板视线的机会。

员工若希望自己能以积极者的形象，在老板心中生根发芽，赶快鞭策自己摆脱万事俱备的桎梏，即刻去做手中的工作吧。只有立即行动，才能挟制万事俱备的第三只手，把你从万事俱备的陷阱中拯救出来。

一旦你成为做事迅捷的人，你也就成为老板心中的一块宝。因为对于凡事立即行动的人，老板在布置工作之余，无需再辛苦地鞭策督促。

立即行动吧。这种态度还会消减准备工作中一些看似可怕的困难与阻碍，引领你更快地抵达成功的彼岸。

有个农夫新购置了一块农田。可他发现在农田的中央有一块大石头。

"为什么不铲除它呢？"农夫问。

"哦，它太大了。"卖主为难地回答说。

农夫二话没说，立即找来一根火铁棍，撬开石头的一端，意外地发现这块石头的厚度还不及一尺，农夫只花了一点儿时间，就将石头搬离田地。

也许，在开始的时候，你会觉得做到立即行动很不容易，因为这样难免发生失误。但最终你会发现，立即行动的工作态度，会成为你个人价值的一部分。当你养成立即行动的工作习惯时，你就掌握了个人进取的秘诀。当你下定决心永远以积极的心态做事时，你就朝自己的成功目标迈出了重要一步。

做事拖延是最危险的恶习

对一个勤奋的艺术家来说，若他不想让任何一个想法溜掉，那么当他产生了新的灵感时，他会立即把它记下来——即使是在深夜，他也会这样做。他的这个习惯十分自然、毫不费力。一个优秀的员工其实就是一个艺术家，他对工作的热爱，立即行动的习惯，就像艺术家记录自己的灵感一样自然。

拖延是最具破坏性、最危险的恶习，它使你丧失了主动的进取心。可悲的是，拖延的恶习也有累积性，唯一的解决良方，很明显，正是——行动。

做事拖延的员工绝不是称职的员工。如果你存心拖延逃避，员工就能找出成千上万的借口来辩解为什么事情不可能完成或做不了，而为什么事情该做的理由却少之又少。把事情太困难、太

昂贵、太花时间种种借口合理化，要比相信只要我们够努力、够聪明、衷心期盼，就能完成任何事容易得多。我们不愿许下承诺，只想找个借口。如果你发现自己经常为了没做某些事而制造借口，或是想出千百个理由来为没能如期实现计划而辩解，那么现在正是该面对现实好好检讨的时候了。别再解释，动手做去吧！

富兰克林说，把握今日等于拥有两倍的明日。将今天该做的事拖延到明天，而即使到了明天也无法做好的人，占了大约一半以上。应该今日事今日毕，否则可能无法做大事，也不太可能成功。所以应该经常抱着必须把握今日去做完它，一点也不可懒惰的想法去努力才行。歌德说，把握住现在的瞬间，从现在开始做起。只有积极进取的人身上才会赋有天才、能力和魅力。因此，只要做下去就好，在做的历程当中，员工的心态就会越来越成熟。能够有一个好的开始的话，那么，不久之后你的工作就可以顺利完成了。

有些人在要开始工作时会产生不高兴的情绪，如果能把不高兴的心情缓解开来，心态就会愈来愈成熟。而当情况好转时，就会认真地去做，这时候就已经没有什么好怕的了，而工作完成的日子也就会愈来愈近。总之一句话，必须现在就马上开始去做才是最好的方法。哪怕只是一天或一个小时的时光，也不可白白浪费。这才是真正积极主动的工作态度。

有一种人是典型的完美主义者，他们觉得没有人能做得比他们好，所以不懂得授权给别人。他们说自己比别人都行，因此也拒绝别人的建议，不要求任何协助。他们会无限地延长工作完成的时间，因为他们需要多一点时间让它更完美，而忽视别人的需要。他们以为只要一直在做事，就表示还没有完成；只要还没有完成，他们就可以避免别人的批评。完美主义让他们觉得，即使他们什么事都没做，也还是比别人优越。

　　总有很多事情需要去做，如果你正受到怠惰的钳制，那么不妨就从碰见的任何一件事着手。是什么事并不重要，重要的是你突破了无所事事的恶习。从另一个角度来说，如果你想规避某项杂务，那么你就应该从这项杂务着手，立即进行。否则，事情还是会不断地困扰你，使你觉得烦琐无趣而不愿意动手。

　　假如你应该打一个电话给客户，但由于拖延的习惯，你没有打这个电话。你的工作可能因这个电话而延误，你的公司也可能因这个电话而蒙受损失。

　　为了按时上班，假定你把闹钟定在早晨 6 点。然而，当闹钟响起时，你睡意仍浓，于是起身关掉闹钟，又回到床上去睡。久而久之，你会养成早晨不按时起床的习惯，同时你又会为上班迟到而寻找借口。

　　立即行动！这句话是最惊人的起动器。任何时刻，当你感到拖延苟且的恶习正悄悄地向你靠近，或当此恶习已迅速缠上你，使你动弹不得之际，你都需要用这句话来提醒自己。

面对问题妥善解决

　　解决问题，就是要抓住机遇，因为机会总是乔装成问题的样子。

作为公司的一员，员工要想让老板器重自己，就必须想方设法使他信任自己，而要想使老板信任自己，就必须能够做到面对任何问题都能声色不变，处之泰然，并妥善解决。这样，就有可能使老板加深对员工的印象。善于分析问题并能妥善解决问题，给老板的印象是金钱买不到的。

如果面对问题员工总不能妥善解决，那么解决问题就会成为员工工作的负担，这样，不只是员工本人的不幸，也是老板的不幸。因为企业在发展过程中，总会不可避免地遭遇到各种问题的困扰。它们的出现，就像太阳日升夜落般自然。所以，老板们迫切需要那种能及时化解问题的人才。

从根本上讲，老板欣赏处事冷静、善于解决问题的员工。因为老板们之所以能达到老板的位置，其个人敢于直面问题、能够妥善解决问题正是其中的一个重要原因。

所以，工作中遇到林林总总的问题时，不要幻想逃避，不要犹豫不决，不要依赖他人意见，要敢于做出自己的判断。对于自己能够判断，而又是本职范围内的事情，大胆地去拿主意，不必全部禀明老板。否则，那只会显得员工工作无能，也显得老板管理无方。让问题在员工那儿解决掉吧。解决了这些问题，员工才能迎向新的契机。否则，员工一辈子注定要被打入冷宫。而当周围的人们都喜欢找员工解决问题时，员工无形中就建立起善于解决问题的好名声，取得了胜人一筹的竞争优势，老板必知道此员工是个良才。

在员工和老板之间，最大的障碍是什么？不是虎视眈眈的竞争者，也不是嫉贤妒能的昏庸老板，最大的障碍是员工自己！是员工面对不能完成的工作推诿求安的消极心态。

　　勇于向不可能完成的工作挑战的精神，是获得成功的基础。职场之中，很多人，虽然颇有才学，具备种种获得老板赏识的能力，但是却有个致命弱点：缺乏挑战的勇气，只愿做职场中谨小慎微的安全专家。对不时出现的那些异常困难的工作，不敢主动发起进攻，一躲再躲，恨不能避到天涯海角。员工以为：要想保住工作，就要保持熟悉的一切，对于那些颇有难度的事情，还是躲远一些好，否则，就有可能被撞得头破血流。结果，终其一生，也只能从事一些平庸的工作。

　　西方有句名言，你的思想决定你的命运。不敢向高难度的工作挑战，是对自己潜能的画地为牢，只能使自己无限的潜能化为有限的成就。与此同时，无知的认识会使你的天赋减弱，因为懦夫一样的所作所为，不配拥有这样的能力。

　　职场勇士与职场懦夫，在老板心目中的地位有天壤之别，根本无法并驾齐驱，相提并论。一位老板描述自己心目中的理想时说：我们所急需的人才，是有奋斗进取精神，勇于向"不可能完成"的工作挑战的人。具有讽刺意味的是，世界上到处都是谨小慎微、满足现状、惧怕未知与挑战的人，而勇于向不可能完成的工作挑战的员工，犹如稀有动物一样，始终供不应求，是人才市场上的抢手货。

　　在如此失衡的市场环境中，如果你是一个安全专家，不敢向不可能完成的工作挑战，那么，在与职场勇士的竞争中，永远不要奢望得到老板的垂青。当你万分羡慕那些有着杰出表现的同事，羡慕他们深得老板器重并被委以重任时，那么，你一定要明白，他们的成功绝不是偶然的。

如同禾苗的苗壮成长必须有种子的发芽一样，他们之所以成功，得到老板青睐，很大程度上取决于他们勇于挑战不可能完成的工作。在复杂的职场中，正是秉持这一原则，他们磨砺生存的利器，不断力争上游，才能脱颖而出。

职场之中，渴望成功，渴望与老板走得近一些，再近一些，是多数员工的心声。如果你也在其列，那么当一件人人看似不可能完成的艰难工作摆在你面前时，不要抱着避之唯恐不及的态度，更不要花过多的时间去设想最糟糕的结局，不断重复根本不能完成的念头这等于在预演失败。就像一个高尔夫球员，不停地嘱咐自己不要把球击入水中时，他脑子里将出现球掉进水中的映像。试想，在这种心理状态下，打击出的球会往哪里飞呢？

怀着感恩的心情主动接受它吧。用行动积极争取职场勇士的荣誉吧。让周围的人和老板都知道，你是一个意志坚定，富有挑战力，做事敏捷的好员工。这样一来，你就无需再愁得不到老板的认同了。

你也许会用说起来简单做起来难来反驳这些思想。其实，很多看似不可能的工作，困难只是被人为地夸大了。当你冷静分析、耐心梳理，把它普通化后，你常常可以想出很有条理的解决方案。

而最值得一提的是，要想从根本上克服这种无知的障碍，走出不可能这一自我否定的阴影，跻身老板认可之列，你必须有充分的自信。相信自己，用信心支撑自己完成这个在别人眼中不可能完成的工作。

信心会给予你百倍于平常的能力和智慧。因为有信念的心能够打开想象的心扉，让你能够驰骋在理想的空间，赋予你实现梦想的关键元素——足够的能力和智慧。

你或许也发现了这样一种情况：在你的周围，那些十分自信的同事总能把工作完成得很好，而在你眼中，这些工作常是不可能完成的。可是到了他们那里，一切都迎刃而解，也因此，他们越来越受老板器重。

此时此刻，在了解了自信的魅力后，相信你不会再对他们投注那么多的惊叹和质疑。要知道，如果你自己拥有了足够的自信，同样也有能力化腐朽为神奇，将不可能变为可能。

当然，在灌注信心的同时，你必须了解这些工作为什么不可能完成。针对工作中的种种不可能，看看自己是否具有一定挑战力，如果没有，先把自身功夫做足做硬，有了金刚钻，再揽瓷器活儿。须知道，挑战不可能完成的工作常有两种结果，成功或失败。而你的挑战力往往使两者只有一线之差，不可不慎。

但换言之，如果你对自己的挑战力判断有误，挑战之后让不可能变成现实，千万不要沮丧失望。聪明、成熟的老板，一定不会只看结果，他决定你是否应该受到器重，还会观察你的敢于挑战的工作态度和头脑的运用。他比任何人都明白，没有一种挑战会有马到成功的必然性。所以，你依然是老板喜爱的职场勇士。同时，你所经历的、所得到的，都是胆小的观望者们永远都没有机会知道的——因为他们根本就不敢尝试。

有了问题，特别是难以解决的问题，可能让你懊恼万分。这时候，有一个基本原则可用，而且永远适用。这个原则非常简单，就是永远不放弃，永远不为自己找借口。

有一幅漫画：在一片水洼里，一只面目狰狞的水鸟正在吞噬一只青蛙。青蛙的头部和大半个身体都被水鸟吞进了嘴里，只剩下一双无力的乱蹬的腿，可是出人意料的是，青蛙却将前爪从水鸟的嘴里挣脱出来，猛然间死死地箍住水鸟细长的脖子……这幅漫画就是讲述这样的道理：无论什么时候，都不要放弃。

不要放弃，不要寻找任何借口为自己开脱。寻找解决问题的办法，是最有效的工作原则。你我都曾经一再看到这类不幸的事实：很多有目标、有理想的人，他们工作，他们奋斗，他们用心去想、去做……但是由于过程太过艰难，他们越来越倦怠、泄气，终于半途而废。到后来他们会发现，如果他们能再坚持久一点，如果他们能看得更远一点，他们就会终得正果。请记住：永远不要绝望；就是绝望了，也要再努力，从绝望中寻找希望。成为积极或消极的人在于你自己的抉择。没有人与生俱来就会表现出好的态度或不好的态度，是你自己决定要以何种态度看待环境和人生。

即使面临各种困境，你仍然可以选择用积极的态度去面对眼前的挫折。

第八章 | 推销：
你不只属于自己

　　有推销力的员工就是能做正确价值判断
的员工。价值判断是包括多方面的，大到对
人类的看法、对人生的看法，小到对公司经
营理念的看法、对日常工作的看法，最后归
结为自己对产品的看法。

推销自己

每天我们都在推销，不论我们对推销技术是否在行。你也许是公司职员，也许是刚参加工作的年轻人，也许才走出校门准备步入社会，也许想换一个新的工作环境……总之，你希望别人了解你，同时就会有意无意地推销自己。

毛遂自荐

动物王国里新建立了剧场，各个岗位都有了合适的人员，唯独缺少一名售票员，狗熊毛遂自荐要做这份工作。大家都讥笑它，但是因为没有合适的人选，所以狗熊很快就上岗了。

后来，狗熊的工作并没有它最初说的那样出色，但它毛遂自荐的精神却受到了狮子经理的肯定。

现代的社会竞争太激烈了，待价而沽或等人来三顾茅庐的时代已经过去，你如果不主动出击，让别人看得到你，知道你的存在，知道你的能力，那么就有可能坐以待毙！如果你能参透它的奥妙，并且认真地去实践，我保证这句话必会为你带来意想不到的收获。

找工作时与其坐等伯乐，不如毛遂自荐。有了工作，也不可就此满足，应该发挥毛遂自荐的精神，推荐你自己去做某件工作或担任某项职务！如果你的毛遂自荐没有效果，千万别灰心丧气，因为你的勇气已在别人心中留下了深刻的印象，而且这次的失败正是下次成功的本钱！

不过，我要告诉你，毛遂自荐时要注意几点：

——不要吹嘘自己的能力，有几分能力就说几分话，太过吹嘘，反而给人不实在的印象。

——强调自己的能力时，最好有具体的资料，让资料说话胜过你说的千言万语！

——如果你没有资料来证明你自己的能力，那么诚恳实在就可以了。

推销自信

许多从事销售的业务员都有这样的经验：如果早上起来心情不好，自忖无法应付即将面对的难缠的客户时，便会将成交率高的客户作为首先拜访的对象，待成交几笔交易，自信心培养充分以后，再去拜访其他较难缠的客户。这种方式不但可使心情由阴郁变开朗，还可以确保一天的业绩。

实际上，他们所需要的就是一种能充实自信心的成就感。

推销自己的方法之一，永远表现出自信神态。如果你被解雇了，还有别的工作嘛。当然，如果你失业了一年，太太怀孕九个月，父亲生了重病……你在找工作时，看起来忧心忡忡。但可能的话，要做到让别人看起来你很有信心，因为自信能使你顺利的办完每一件事。以正确的、有利于你自己的方式推销自己。只有你在推销自己时获得别人的认可，别人才能乐意与你合作，或帮你渡过难关。让别人认识你的才华是你迈向成功和财富的第一步。

有一位顶尖的保险业务经理，要求所有的业务员，每天早上出门工作之前，先在镜子前面，用 5 分钟的时间看着自己，并且

对自己说，你是最棒的保险业务员，今天你就要证明这一点，明天也是如此，一直都是如此。经过这位业务经理的安排，每一位业务员的丈夫或妻子，在他们的爱人出门工作之前，都以这一段话向他们告别，你是最棒的业务员，今天你就要证明这一点。

有一个孤儿，向高僧请教如何获得幸福。高僧指着一块陋石说："你把它拿到集市去，但无论谁要买这块石头，你都不要卖。"孤儿来到集市卖石头，第一天、第二天无人问津，第三天有人来询问。第四天，石头已经能卖到一个很好的价钱了。

高僧又说"你把石头拿到石器交易市场去卖。"第一天、第二天人们视而不见，第三天，有人围过来问，以后的几天，石头的价格已被抬得高出了石器的价格。

高僧又说，"你再把石头拿到珠宝市场去卖……"

你可以想象得到，又出现了那种情况，甚至于到了最后，石头的价格已经比珠宝的价格还要高了。

其实世上人与物皆如此，如果你认定自己是一个不起眼的陋石，那么你可能永远只是一块陋石，如果你坚信自己是一个无价的宝石，那么你可能就是一块宝石。

每个人的本性中都隐藏着信心，高僧其实就是在挖掘孤儿信心的潜力。

信心是一股巨大的力量，只要有一点点信心就可以产生神奇的效果。信心是人生最珍贵的宝藏之一，它可以使你免于失望；免于那些不知从何而来的黯淡的念头，使你有勇气去面对艰苦的人生。同样的道理，如果丧失了这种信心，则是一件非常可悲的事情。你的前途似乎有几扇门关闭着，使你看不见远景，对一切都漠不关心，使你误以为是智慧的冷酷终结。

信心是人的一种本能，天下没有一种力量可以和它相提并论，一点小小的信心可以移动山峰。所以，有信心的人，会遭遇挫折危难，但他不会灰心丧气。有了自信，你才能够感觉到自己的能力，其作用是其他任何东西都无法替代的。坚持自己的理念，有信心依照计划行事的人，比一遇到挫折就放弃的人更具优势。

人是为了信心——一种有深度需要的信念而生的。我们一旦失去了信心，就违背了自己的本性，一切不敢肯定，人生就没有了根。

就像那个孤儿一样，如果你具有了自信心，无疑是为自己的生活打下了坚实的基础。高僧的教诲将会影响那个孤儿的一生，我希望员工也能够一生受用。

但在推销自己之前，必须对种种情况有所了解。你是什么样人？你必须提供的是什么？你的优点何在？缺点呢？别人对你有什么反应？你的目的何在？

这些探测性的问题，必须以你所知道的确实的方式来回答，因为它是设立一个推销计划的基础，不论社交界或商业界都一样。每个人都必须找出自己的答案：自己的个性，自己的风格。你周围的人，也许不好意思指出你的缺点：奇装异服、不良习惯等，因此当你在考虑推销自己的最佳方案时，不得不诚实地对自己重新评价。

从你的一言一行都可以看出你的态度。推销自己远超过你要推出的任何产品或观念。你必须有办法盯住对方的眼睛，使他深信你是个值得信赖的人。

第八章 推销：你不只属于自己

推销形象

在推销自己的时候，首先要注重自己的外表，而且永远不可忽视。如果你有一张大大的面孔，至少要让自己的五官干净、醒目，这对你会有好处……詹森总统的大耳朵就是个例子。

好的外表可以给人好的印象。上高级理发店、减肥、把西装烫一烫——尽一切方法变成一个令别人喜欢的那种人，因为在其他人面前，他们会愿意跟你说话，看到你。

其次，要学会做听众，而且要听听自己的声音。你的声音听起来如何呢？要注意你说话的韵律：高频率的声音，听起来不要有一种紧张和忧心的感觉，但声音太低沉也会有一种沉闷的感觉。

推销关系

人们往往乐意跟一个自己觉得是同类，而且觉得自在的人做生意，因此，多数交易的成功，都是在打高尔夫球或喝咖啡的时候完成的。学习跟别人交际，即使当你不特别想推销自己的时候，那也是一种有效的练习。如果推销不是学习跟别人相处，那又是什么呢？如果你不跟别人相处，等到你越老，就越糟糕。

切勿低估任何一位生意伙伴，并非每一个有钱人身上都戴着金笔和金表。失去一笔交易的最快方式之一，是开价太低，以为对方付不起更高的价格，这样，员工也会与本应得的钱失之交臂。

李嘉诚的推销术，不但表现在推销产品方面，而且表现在自我推销方面，更表现在后来的精心打造自己和企业品牌与形象方面。正是通过这种高超的推销术，李嘉诚不仅在同行伙伴中名列前茅，而且为他本人和他的企业打造了响当当的金字招牌。

如果现在你仍然不太相信自己推销自己的原理，请向那些事业有成的人打听一下，看看他们有什么想法。你一旦问清楚了，就一定要开始实行自己推销自己这个好主意了。设法提高你的思考能力，这将会对你的一生有重要的影响。

李嘉诚逐步认识到，推销的实质是推销自我，只有将自己成功地推销给别人，别人才能由人及物，乐于购买你的产品。所以一个优秀的推销员在推销产品时，首先要注意推销自己，能把自己推销给别人，推销就成功了一半。

为此，李嘉诚十分注意自我包装，他说产品需要包装，推销产品的人就更需要包装了。推销员的包装不仅包括衣着打扮，更重要的是在言谈举止中体现出来的内在修养。他为自己定下的标准是要具有绅士风度。

因此，尽管李嘉诚收入不高，家庭负担沉重。虽然怀有大抱负，想攒钱办大事，但他仍然十分注意自己的仪表修饰。他的服装虽然并非名牌，但相当整洁。他对自己的行为有一个简单而又全面的衡量标准，那就是要给任何人都留下好印象。

在推销过程中，李嘉诚注意有意识地结交朋友，他经常在拜访一个客户时，先不谈生意，而是建立友谊。他说，只要友谊常在，生意自然不成问题。另外，李嘉诚结交朋友，并不全以客户为选择标准。他说，某人今天成不了客户，或许将来会是客户；某人自己做不了客户，可能会引荐其他的客户；即使促成不了生意，帮忙出出点子，叙叙友情，也是一件好事。

有道是，一个篱笆三个桩，一个好汉三个帮。李嘉诚广博的

学识、诚恳的态度，塑造了他那种独特的魅力。因此，人们十分乐意与他交朋友。无论什么时候，李嘉诚的周围总会有一帮朋友为他出谋划策。有了朋友的帮助，李嘉诚在推销这一行，更是如鱼得水。李嘉诚曾说，人要去求生意，就比较难，让生意跑来找你，你就容易做。

如何让生意跑来找你呢？当然得靠朋友。如何交朋友呢？关键要注意信誉，处理好利益问题。

李嘉诚说，善待他人，利益均沾是生意场上交朋友的前提，诚实和信誉是交朋友的保证。后来的李嘉诚在生意场上的朋友，多如繁星，几乎每个与他有一面之交的人，都会成为他的朋友。

正如在积累财富上创造了奇迹一样，李嘉诚的人缘之佳在复杂的商场同样创造了奇迹。李嘉诚在生意场上只有对手而没有敌人，不能不说是一个奇迹。

对待工作，李嘉诚总是最大限度地表现自己的诚意，从而给老板、同事留下了良好的印象。这也是他推销自己的一种方法。

由于李嘉诚的推销业绩不凡，已在同事中有了一定的影响，他们无不对这位聪明的少年刮目相看。因此，有些棘手的生意，知难而退的同事们公推李嘉诚出马。李嘉诚不愿放弃这一难得的自我挑战机会，毅然应允。

这一次，李嘉诚并没有急于去见那位老板，而是找机会与旅馆的一个职员套近乎。没多久，他与那位职员拉上了关系，很快便和他像老朋友一样。通过这位职员，他得知了一些有关这家旅馆老板的情况，其中有一件事引起了李嘉诚的特别注意。

原来，这位老板中年得子，对儿子像宝贝一样。现在旅馆开张在即，千头万绪，而他儿子却整天缠着要去看赛马。他根本抽不出时间满足儿子这一愿望。这位职员本是把这件事当做趣闻来提起的。然而言者无意，听者有心。李嘉诚听到这件事，便感觉他已经找到了突破口。于是，李嘉诚让这个职员牵线，自掏腰包带老板的儿子去快活谷马场看赛马。在跑马场上，老板的儿子兴高采烈，十分快活，回家后仍兴奋地向父母叽叽喳喳说个不停。

李嘉诚此举令旅馆老板十分感动，他一时不知如何答谢才好。在李嘉诚的推销下，最终同意从李嘉诚手中买下了380只铁桶。

这次行动，使李嘉诚成为五金厂的一等英雄。

善动脑筋、善做变通是一个优秀推销员的必备素质。李嘉诚在这方面显示出了突出的天分。

李嘉诚所用的这种小手腕，显得有点狡猾。狡猾是一个贬义词，不过他做的是一件利人利己的事，而不是损人利己，因此，恐怕只能用聪明来形容。他的聪明之处在于，通过对客户有益的行动，表达了自己愿意与之做生意的诚意，这比纯粹用语言表达，要有效得多。

机动灵活而始终体现一个诚字，这就是李嘉诚所要推销的自我。

三菱财团中的大功臣丰川良平，经常勉励他的部属们说，应该尽量把员工的能力和优点毫不保留地展现出来。

他现在的名字颇有点来历。他原来的名字是小野春弥，改为丰川良平是从丰臣秀吉、德川家康、张良、陈平四个人名中各取一个字。这四位历史上的大人物，丰川从小时候起就非常崇拜，他说把这四个人的名字取来命名，就等于把他们的长处集于一身。

他的所作所为，也尽量模仿他们。这样每天都对他自己有一种暗示的功效，可使内心充满活力，产生创造光辉事业的蓬勃干劲。

从取名这件事就可知道丰川是多么精干，多么冲劲十足的人了。

由于他善于表现，而且表现优异，屡屡立功，所以，三菱财团创业者岩崎弥太郎非常赏识他，设立三菱银行时，任命他为银行部部长兼三菱银行董事长。丰川40岁出头就独揽三菱企业大权。

他常说，你想要出人头地，一点都不用客气，应该尽量表现，使出你的全部本事，使人家知道你是个人才。我非常欣赏韩非子的一句话："该下功夫让你的形象进入对方的心里，然后占住对方的心。"

不用说，丰川是成功地自我推销的一个例子。

换言之，东西要让人来买，最重要的是要能引人注意，给顾客一个很好的印象，使他们涌起非买不可的欲望。

同理，要是想让对方欣赏你，你就该给对方很好的印象，使他知道你具有优异的才干和不凡的价值。

推销企业

李嘉诚虽然只在创业之前当过推销员，可是一生都是一个推销高手。他深知企业品牌对一个企业的重要性，不仅举手投足皆广告，具有随心所欲的广告效应，而且不惜巨资大办慈善事业，务使企业形象震撼神州大地，创造了不可估量的无形资产。人们都知道当今的社会是一个商业社会，那么什么是商业？什么是商业社会？可以说没有销售就没有商业，也没有商业社会。销售是商业和商业社会的核心业务和本质特征，销售的对象不只包括商品本身，同时也包括整个人。因此，在狭义上，不懂销售就不能经商；在广义上讲，不懂销售就无法在商业社会里生存和发展。

李嘉诚很早就意识到了推销员工作对于商业活动乃至整个人生的重大意义，并且经过学习、磨炼和不断的自我挑战，成为狭义和广义上的销售高手。

美国标准石油公司曾经有一位小职员叫阿基勃特。他在出差住旅馆的时候，总是在自己签名的下方，写上"每桶4美元的标准石油"字样，在书信及收据上也不例外。签了名，就一定写上那几个字。他因此被同事叫做每桶4美元，而他的真名倒没有人叫了。

公司董事长洛克菲勒知道这件事后说竟有职员如此努力宣扬公司的声誉，我要见见他。于是邀请阿基勃特共进晚餐。

后来，洛克菲勒卸任，阿基勃特成了第二任董事长。

在签名的时候署上每桶4美元的标准石油，这算不算小事？严格说来，这件小事还不在阿基勃特的工作范围之内。但阿基勃特做了，并坚持把这件小事做到了极致。那些嘲笑他的人中，肯定有不少人才华、能力在他之上，可是最后，只有他成了董事长。

推销产品

推销产品，就是推销产品和服务。

麦当劳快餐店每天吸引了成千上万的顾客，其推销之道除了快、清洁、服务好之外，还有一个"扔"字，即食品制作之后，只要 10 分钟卖不出去，就扔进垃圾箱。

这一个"扔"字，的确很值得玩味。一个好好的汉堡包、苹果派，制成了 10 分钟后，顶多是口感稍欠一些，而营养成分一点没减少，何必扔呢？

然而，麦当劳却是在进行一场推销心理战——名副其实的新鲜口味；也是在进行一场推销战——推销信誉和质量。

推销从质量开始，靠全体员工共同努力。全员推销就是全员保证质量。青岛海尔集团是我国家电行业中第一个通过 ISO9001 认证的企业，总经理张瑞敏把质量看作企业的生命。在青岛海尔创牌之初，他们自己查出 76 台不合格电冰箱，张瑞敏在厂内举办了废品展览会，并当众砸烂了这批不合格产品，使全厂职工深受震动。由于全体职工齐心协力严格质量控制和质量管理，Haier 品牌在消费者心目中的信誉越来越高，成为当今中国家电行业的第一名牌。这也是一次推销心理战。

无锡小天鹅股份有限公司生产的小天鹅全自动洗衣机，曾连续 5 年市场占有率在 40% 以上。小天鹅靠什么飞得如此高远，成为全国洗衣机行业公认的排头兵？

小天鹅公司已有 20% 的职工在市场一线上，有 60% 的职工轮流上过国内市场，8% 的职工进过国际市场，100% 的干部上过市场。这样，员工们目睹了市场激烈竞争，聆听了消费者的呼声，领略了中国产品的地位，更重要的是扭转了计划经济下，技术人员说产品达标就是技术合格，生产工人说检验过关就是工作完成，销售人员说资金回笼就是形势大好的简单想法。

在别的企业花钱大登广告之时，小天鹅厂却开展了形式多样的花钱买意见活动。1994年9月公司组织了小天鹅技师与服务万里行活动，又组织了花钱买意见活动。这次活动共收到消费者信函4.1万多封，对产品质量、新品开发、售后服务、营销策略等方面提出了宝贵意见。这也是一场推销心理战。

为了让用户彻底放心，他们为广大用户办理了责任保险，同时在全国各地不断完善服务网络，做到省有"中心"，市有"特约"，县有维修点，统一规范管理。比如他们计划再增设100个维修点，除坚持技师信誉卡的服务制度外，还将开展新的服务项目，给用户以更多的实惠。对购买小天鹅的新用户若半年内因质量问题出现故障的，可以无条件退换。这是推销公关战。

推销给老板

戴高乐曾经说过，困难，特别吸引坚强的人。因为他只有在拥抱困难时，才会真正认识自己。只有认识自己才会推销自己。

有一个小男孩在报上看到应征启事，正好是适合他的工作。第二天早上，当他准时前往应征地点时，发现应征队伍已排了20个男孩。

如果换成另一个意志薄弱、不太聪明的男孩，可能会因为如此而打退堂鼓。但是这个小男孩却完全不一样。他认为自己应该动脑筋，运用上帝赋予的智慧想办法解决困难。他不往消极面思考，而是认真用脑子去想，看看是否有法子向老板推销自己。于是，

一个绝妙方法便产生了!

他拿出一张纸,写了几行字。然后走出行列,并要求后面的男孩为他保留位子。他走到负责招聘的女秘书面前,很有礼貌地说:"小姐,请你把这张便条交给老板,这件事很重要。谢谢你!"

这位秘书对他的印象很深刻。因为他看起来神情愉悦,文质彬彬。如果是别人,她可能不会放在心上,但是这个男孩不一样,他有一股强有力的吸引力,令人难以忘记。所以,她将这张纸交给了老板。老板打开纸条,看后笑笑交还给秘书,她也把上面的字看了一遍,笑了起来,上面是这样写的:先生,我是排在第21号的男孩。请不要在见到我之前做出任何决定。

你想他得到这份工作了吗?你说呢?像他这样会推销自己的男孩无论到什么地方一定会有所作为。虽然他年纪很轻,但是他知道如何去想、去推销。他已经有能力在短时间内,抓住推销自己的机会。

由此看来,向老板推销自己不是单纯依靠语言,还要有顽强的毅力、锲而不舍的精神、必胜的信心。

在我们企图说服别人的时候,我们一定要坚信自己的观点是正确的,并把这种坚定的热情表现出来。因为如果你对自己的主张都不了解、不敢肯定,就不可能说服别人。如果你自己都没有被自己的主张所激励,怎么能够期望别人受到鼓舞呢。

向老板推销自己的步骤:

必须先透彻地了解老板。知己知彼、百战百胜,在说服老板之前,对老板的性格、兴趣、优点、长处、情绪等有一个比较透彻的了解并悉心研究,才能够有针对性地采取最合适的说服方式。

找到老板的需要和动机。林肯曾经说过，当我和别人谈判时，我用三分之二的时间考虑对方的主张，以及他可能将要提出来反驳我的理由，剩下的三分之一时间，才考虑自己的主张。

让老板了解你所说的话，合乎逻辑的推理。有一位神学院学生问牧师："我们能不能一面抽烟，一面祈祷？"牧师回答说："可以啊！不论你做什么事，能不忘祈祷总是好的。"

这时另一位学生也问道："我们能不能一面祈祷，一面抽烟呢？"想不到牧师竟勃然大怒说："好大的胆子！你怎么敢说出这么亵渎的话！这样的事绝不能被允许！"

虽然这两位学生原意相同，但是因为他们说话的方式不同而使牧师产生了不同的想法。

生活中这种有歧义的句子是普遍存在的，如父亲看见儿子偷偷地学抽烟，于是非常气愤地说："你竟敢背着我学抽烟，看我不揍你！"但是儿子却回答："我向您保证，从今以后我抽烟再也不背着您了。"父亲的意思是"学抽烟"，而儿子却把中心意思换成了"背地里"。所以就有必要把想要说的话说得准确一些，让人不会产生歧义。

推销给客户

客户至上，服务是本，已经成为越来越多的企业的发展方向。对员工而言，都应具备强烈的服务意识，以为客户提供更好的服务作为自己工作价值的提升标准，充分利用自己的五官去感知，提高自己的服务意识，使自己成为客户需求的对象。

比如，你在与客户交流如何使用产品时，你需要以极大的兴趣、传道士般的热情和执着打动客户，了解他们欣赏什么，喜欢什么。当你了解了客户的需求后，你即可思考如何让产品更贴近并帮助客户。以客户的眼光看自己的工作，努力理解客户的需要和动机，服务顾客，是不分部门及职位的，每位员工皆应做到的。在微软，任何热衷参与微软管理的员工，都将被鼓励在不同客户服务部门工作。即使有时这对微软意味着增加分支机构，或调去别国工作，微软也在所不惜。

俗话说："王婆卖瓜，自卖自夸。"有些推销员总爱竭尽所能，把自己的商品吹得天花乱坠，并自以为这才是推销才能。其实，顾客对这样的推销员是很反感的。相反，如果推销员能坦言商品缺陷，更能赢得顾客的好感和信任。

经营房地产推销的哈尔默奇先生，有一次承担了一项艰巨的推销工作，因为他要推销的那块土地紧邻一家木材加工厂，电动锯木的噪声使一般人难以忍受，虽然这片地接近火车站，交通便利。

哈尔默奇先生想起有一位顾客想买块土地，其价格标准和这块地大体相同，而且这位顾客以前也住在一家工厂附近，整天噪声不绝于耳。于是，哈尔默奇先生拜访了这位顾客。

"这块土地处于交通便利地段，比附近的土地价格便宜多了。当然，之所以便宜自有它的原因，就是因它紧邻一家木材加工厂，噪声比较大。如果您能容忍噪声，那么它的交通地理条件、价格标准均与您希望的非常相符，很适合您购买。"哈尔默奇先生如实地对这块土地作了认真的介绍。

不久，这位顾客去现场参观考察，结果非常满意，他对哈尔默奇先生说："上次你特地提到噪声问题，我还以为噪声一定很严重，那天我去观察了一天，发现那里噪音的程度对我来说不算什么，我以前住的地方整天有重型卡车来来往往，络绎不绝，而这里的噪声一天只有几个小时，所以我很满意。你这人真老实，要换上别人或许会隐瞒这个缺点，光说好听的，你这么坦诚，反而使我放心。"

就这样，哈尔默奇先生顺利地做成了这笔难做的生意。

试想，倘若哈尔默奇先生介绍那块土地时仅说其优点，闭口不提其缺点的话，推销成功的可能性又是多大呢？

由此可以看出，做生意并不是一定要有三寸不烂之舌。客户至上，老老实实说出你的商品的缺点，会使你及你的商品更具魅力。

推销还要有毅力，而毅力来自自信。

推销高手罗夫·米契在亚瑟·凯伯的旗下从事大众传播工作。当时公司规定如果能找到一家够份量的客户，就给予加薪。于是他在堪萨斯城中挑选了一家规模颇大的石油公司。

星期一早晨，罗夫·米契到那家石油公司去。公司的经理很客气地与他打招呼，当知道他的来意后，很委婉地表示对他们的策划方案不感兴趣。

星期二早晨，他再度前往。经理仍然对他很客气，但更坚定地表示了谢绝，也再度说明他不感兴趣。

星期三他又去了。经理虽然面带笑容，但已很明显地表示他不感兴趣。罗夫又被拒绝了。

到了星期四，这位经理已不再礼貌地与他打招呼了。这次，这位经理很不客气地说道："听着，年轻人，我已向你说过好几次，我对这件事不感兴趣——清楚了吗？"

到了星期五早晨，罗夫·米契又去了，这次甚至连秘书都不理睬他了。那位经理出来，满脸通红，很愤怒地对着他大吼："老天，我得要告诉你多少次，才能让你知道我没兴趣？"

"但是，您一直都没有给我机会让我说明我的计划内容，与这计划可以给你带来的益处。"他继续说到："假如您对一件事一无所知，怎么会知道自己感不感兴趣呢？我只要求您给我5分钟的时间说明，否则我会每天都来。"

"你给我滚出去！"那位经理大吼。

星明六早晨，罗夫·米契原以为自己又会被撵出去，结果那位经理一见到他，便跑过来同他握手，并且说道："假如我今天没有见到你，一定要大失所望了。好，现在到我办公室来，说说你究竟有什么好主意？"

罗夫·米契告诉他，会在5分钟内把重点讲完。结果，罗夫·米契在他的办公室待了4个钟头，以便回答他所提出的种种问题。最后，那位经理表示愿意试试他的计划，生意终于成交了。

推销必须全力以赴

公司里的每个员工都在推销，推销自己，推销企业，推销产品。推销工作必须全力以赴。不要只知道抱怨老板、环境、产品，却不反省自己。如果我们不是仅仅把推销工作当成一份获得薪水的职业，而是把工作当成是用生命去做的事，自动自发，全力以赴，我们就可能获得自己所期望的推销成功。

大部分青年人，好像不知道职位的晋升，是建立在忠实履行日常工作职责的基础上的。只有全力以赴、尽职尽责地做好目前所做的工作，才能使自己渐渐地获得价值的提升。相反，许多人在寻找自我发展机会时，常常这样问自己，做这种平凡乏味的工作，有什么希望呢？

可是，就是在极其平凡的职业中、极其低微的岗位上，往往蕴藏着巨大的机会。只要把自己的工作做得比别人更完美、更迅速、更正确、更专注，调动自己全部的智力，全力以赴，从一成不变的事中找出新方法来，才能引起别人的注意，自己也才会有发挥本领的机会，以满足心中的愿望。

休斯·查姆斯在担任国家收银机公司销售经理期间曾面临着一种最为尴尬的情况：该公司的财政发生了困难。这件事被在外头负责推销的销售人员知道了，并因此失去了工作的热忱，销售量开始下跌。到后来，情况更为严重，销售部门不得不召集全体销售员开一次大会，全美各地的销售员皆被召去参加这次会议。查姆斯先生主持了这次会议。

首先，他请手下最佳的几位销售员站起来，要他们说明销售量为何会下跌。这些被唤到名字的销售员一一站起来以后，每个人都有一段最令人震惊的悲惨故事要向大家倾诉：商业不景气，资金缺少，人们都希望等到总统大选揭晓以后再买东西等等。。

当第五个销售员开始列举使他无法完成销售配额的种种困难

时，查姆斯先生突然跳到一张桌子上，高举双手，要求大家肃静。然后，他说道："停止，我命令大会暂停10分钟，让我把我的皮鞋擦亮。"

然后，他命令坐在附近的一名黑人小工友把他的擦鞋工具箱拿来，并要求这名工友把他的皮鞋擦亮，而他就站在桌子上不动。

在场的销售员都惊呆了。他们有些人以为查姆斯先生发疯了，人们开始窃窃私语。在这时，那位黑人小工友先擦亮他的第一只鞋子，然后又擦另一只鞋子，他不慌不忙地擦着，表现出第一流的擦鞋技巧。

皮鞋擦亮之后，查姆斯先生给了小工友一毛钱，然后发表他的演说。

他说："我希望你们每个人，好好看看这个小工友。他拥有在我们整个工厂及办公室内擦鞋的特权。他的前任是位白人小男孩，年纪比他大得多。尽管公司每周补贴他5美元的薪水，而且工厂里有数千名员工，但他仍然无法从这个公司赚取足以维持他生活的费用。这位黑人小男孩不仅可以赚到相当不错的收入，既不需要公司补贴薪水，每周还可以存下一点钱来，而他和他前任的工作环境完全相同，也在同一家工厂内，工作的对象也完全相同。现在我问你们一个问题，那个白人小男孩拉不到更多的生意，是谁的错？是他的错还是顾客的错？"

那些推销员不约而同地大声说："当然了，是那个白人小男孩的错。"

正是如此。查姆斯回答说："现在我要告诉你们，你们现在推销收银机和一年前的情况完全相同。相同的地区、同样的对象以及同样的商业条件。但是，你们的销售成绩却比不上一年前。这是谁的错？是你们的错，还是顾客的错？"

同样又传来如雷般的回答："当然，是我们的错！"

"我很高兴，你们能坦率承认自己的错。"查姆斯继续说，"我现在要告诉你们。你们的错误在于，你们听到了有关本公司财务发生困难的谣言，这影响了你们的工作热忱，因此，你们就不像以前那般努力了。只要你们回到自己的销售地区，并保证在以后30天内，每人卖出5台收银机，那么，本公司就不会再发生什么财务危机了。你们愿意这样做吗？"

大家都说愿意，后来果然办到了。那些他们曾强调的种种借口：商业不景气，资金缺少，人们都希望等到总统大选揭晓以后再买东西等等，仿佛根本不存在似的，统统消失了。

员工工作的质量往往会决定员工生活的质量。在企业里随处可见这样的人，他们的目标只是想过一天算一天，他们不断地抱怨自己的环境，就像是一块浮木，在人生之海上随波逐流，能找到怎样的工作，便担任怎样的职务，而且做事情能省力就省力。他们最高兴的是午餐时间、发薪日以及5点钟下班的时候。他们混过一天，回到家，一边喝啤酒一边看电视。难道这就是一切吗？在工作中应该严格要求自己，能做到最好，就不能允许自己只做到次好；能完成100%，就不能只完成99%。不论员工的工资是高还是低，员工都应该保持这种良好的工作作风。每个人都应该把自己看成是一名杰出的艺术家，而不是一个平庸的工匠，应该永远带着热情和信心去工作，应该全力以赴，不找任何借口。得过且过的人在任何一个组织都很难升到中层职位以上。

推销必须永不退缩

推销必须永不退缩，才能成功。

世界上最伟大的成功性格分析大师拿破仑·希尔讲述了这样一个故事：

在一个严寒得几乎要使人冻僵的早上，一位好友突然来到中西部某城镇的饭店找我。由于我将在离该地大约35公里处作一场演讲，因此就请他陪同一道前往。我坐上他的车子，在易滑的路上朝着目的地驶去，他驾车的速度比我快些。于是我向他提议，时间还相当充裕，你可以慢慢开，不用赶时间！

"你不必担心我的驾驶技术。"他如此回答着，并继续说道："在以前，我的心里经常充满着各种不安感，但现在已经完全克服了。过去，我什么事都怕——害怕开车上路、害怕搭飞机，甚至当家人外出未归之前，我也会处于恐惧之中。此外，每当自己外出时，总会觉得似乎将要发生什么不测，心中极为不安。受到这种感觉的严密包围，而使得生活黯然悲惨。事实上，我存有相当严重的自卑感，并缺乏自信，这种心态也反映在我的工作上，于是工作总是进行得不顺利。不过，现在我已经想出将这种不安感从我心中彻底驱逐的妙方了。现在的我，不论面临任何事，都能自主地掌握与安排。"至于妙计是什么呢？他用手指着固定在仪表板上的两处夹子，然后把手伸入胸前的口袋，拿出一叠小卡片。他很快地从其中选出一张，再把它用夹子夹妥。那张卡片上这样写着：只要心中充满自信，没有一件不能做的事。接着他把那张卡片抽开，用一只手平衡地操控着方向盘，另一只手则以熟练的技巧将卡片放进袋里，再抽出另一张卡片，并同样地用夹子夹好。这张卡片上则如此写着：有了上天的帮助，谁能抵挡我们呢？

　　"我经常到各地巡回推销。"他接着对我说，"我整天拜访客户，并且常开着车到各地方。而我在开车时往往会不自觉地思考着各种事情，如果想法一旦消极的话，当天的行动与表现自然也会显得消极。在从前，我即使开着车子到各处拜访客户，但实际上我的脑中却充满着不安和失败感。而这种情形正是导致我的销售业绩每况愈下的原因。但是，现今我的情况已经大为改观了。自从我开始在开车时使用这些卡片，并设法把上面的字句记诵下来之后，我脑中的想法便奇妙地发生了转变。那些过去经常缠困我的不安、挫败的感觉和性格因素已经消失无踪，取而代之的是信仰与勇气。这个方法改变了我，也帮助我在工作上表现。"他强调，"过去，我可以说是不情愿去从事客户的拜访与推销工作，因此想要有所收获根本就是不可能的事。这是我性格的最大弱点，当然也会阻止我的成功。"

第八章　推销：你不只属于自己